JIXIAO
GUANLI

绩效管理

主　编○宋典　蒋瑞
副主编○胡淼

苏州大学出版社
Soochow University Press

图书在版编目（CIP）数据

绩效管理／宋典，蒋瑞主编． -- 苏州：苏州大学出版社，2024．1
ISBN 978-7-5672-4570-9

Ⅰ．①绩… Ⅱ．①宋… ②蒋… Ⅲ．①企业绩效-企业管理 Ⅳ．①F272．5

中国国家版本馆 CIP 数据核字（2024）第 016737 号

书　　名：	绩效管理
主　　编：	宋　典　蒋　瑞
责任编辑：	史创新
出版发行：	苏州大学出版社（Soochow University Press）
社　　址：	苏州市十梓街 1 号　邮编：215006
印　　刷：	苏州市越洋印刷有限公司
邮购热线：	0512-67480030
销售热线：	0512-67481020
开　　本：	787 mm×1 092 mm　1/16　印张：12.5　字数：245 千
版　　次：	2024 年 1 月第 1 版
印　　次：	2024 年 1 月第 1 次印刷
书　　号：	ISBN 978-7-5672-4570-9
定　　价：	42.00 元

若有印装错误，本社负责调换
苏州大学出版社营销部　电话：0512-67481020
苏州大学出版社网址　http://www.sudapress.com
苏州大学出版社邮箱　sdcbs@suda.edu.cn

目录

第一章 绩效管理概述 / 001
 第一节 绩效的概念、维度和特征 / 001
 第二节 绩效管理的概念、流程和目的 / 009
 第三节 绩效管理体系的特征 / 012
 第四节 绩效管理试点与测试 / 014
 本章案例 / 014

第二章 工作分析 / 022
 第一节 工作分析概述 / 022
 第二节 工作分析的类型 / 025
 第三节 工作分析方法的新发展 / 038
 第四节 工作分析的结果应用 / 044
 本章案例 / 048

第三章 公司战略与绩效管理 / 049
 第一节 战略的概念与特征 / 049
 第二节 战略的类型 / 051
 第三节 战略管理框架 / 057
 第四节 战略绩效管理 / 059
 本章案例 / 065

第四章 基于行为和特质的绩效管理工具 / 067
 第一节 通用考核方法 / 067
 第二节 行为导向考核方法 / 072
 第三节 特质导向考核方法 / 077
 本章案例 / 082

第五章　基于结果的绩效管理工具 / 084

第一节　目标管理法 / 084

第二节　关键绩效指标法 / 086

第三节　平衡计分卡法 / 091

第四节　目标与关键结果法 / 097

本章案例 / 102

第六章　绩效计划 / 113

第一节　绩效计划概述 / 113

第二节　绩效目标和绩效指标 / 115

第三节　绩效计划的制订流程 / 122

本章案例 / 126

第七章　绩效计划实施与辅导 / 128

第一节　绩效计划实施 / 128

第二节　绩效辅导概述 / 130

第三节　绩效辅导流程 / 138

第四节　绩效辅导工具及其技巧 / 140

本章案例 / 145

第八章　绩效考核 / 155

第一节　绩效考核的概念与目的 / 155

第二节　绩效考核的流程 / 157

第三节　绩效考核常见错误及其避免方法 / 161

本章案例 / 168

第九章　绩效反馈及其应用 / 169

第一节　绩效反馈概述 / 169

第二节　绩效反馈面谈 / 173

第三节　绩效申诉 / 178

第四节　绩效考核结果的应用 / 181

本章案例 / 184

参考文献 / 186

附录：样卷 / 190

后记 / 196

第一章 绩效管理概述

员工工作的好坏、绩效的高低直接影响着企业的整体效益,提高员工绩效是企业人力资源管理的重要目标。绩效管理就是帮助企业实现目标的重要职能,是企业构建竞争优势的战略工具。

第一节 绩效的概念、维度和特征

一、绩效的概念

绩效,其英文为"Performance",一般的解释是"执行、实现,做事的能力"。当前对绩效主要有三种不同层次的理解。

第一种观点认为绩效是结果,如员工的销售收入,企业的销售收入、净资产收益率等。据威廉姆斯(Williams,1998)的研究显示,当时绝大部分管理人员认同和倾向于这个观点,这也是传统绩效管理系统对绩效的认识,如泰勒(Taylor)、法约尔(Fayol)及20世纪的德鲁克(Drucker)都认为应当从结果的角度对绩效进行衡量和测度,德鲁克更是在目标管理中提出成果第一的方针。

第二种观点认为绩效应当是行为。墨菲(Murphy,1990)给绩效下的定义是,"绩效是与一个人在其中工作的组织或组织单元的目标有关的一组行为"。坎贝尔(Campbell,1990)指出,"绩效是行为,应该与结果区分开,因为结果会受系统因素的影响"。他在1993年给绩效下的定义是,"绩效是行为的同义词,它是人们实际的行为表现并是能观察得到的。就定义而言,它只包括与组织目标有关的行动或行为,能够用个人的熟练程度(贡献水平)来定等级(测量)。绩效是组织雇人来做需要做好的事情,它不是行为后果或结果,而是行为本身。绩效由个体控制下的与目标相关的行为组成,不论这些行为是认知的、生理的、心智活动的或人际的"。上述学者认为绩效不是工作成绩或目标的依据是:第一,许多工作结果并不一定是个体行为所致,可能会受到与工作无关的其他因素的影响;第二,员工没有平等完成工作的机会，并且在工作中的表现不一定都与工作任务有关；第三，过度关注结果会导致员工忽视重要过程和人际因素，不适当地强调结果可能会在工作要求上误导员工。

另外一种观点认为绩效是素质或能力。持这种观点的学者认为能力是个人的基本特征，它与一项工作或一定条件下的参考标准或优良的绩效存在着一定的因果关系，也就是能力意味着未来的高绩效，预示着未来良好的结果，所以从员工个人来看，绩效应当是素质或能力。这种观点更强调员工潜能与绩效的关系，关注员工素质，关注未来发展，它与当前管理界强调持续改进、建设学习型组织和知识型员工管理的趋势相吻合，所以越来越受到关注。

二、绩效的维度

鲍曼和摩托维德罗（Bowman & Motovidro，1993）提出了绩效的二维模型，认为绩效包括任务绩效和周边绩效两方面。任务绩效是指与工作产出直接相关的，能够直接对工作结果进行评价的绩效指标。任务绩效与具体职务的工作内容密切相关，同时也与个体的能力、完成任务的熟练程度和工作知识密切相关。任务绩效可以用下述量表进行测量：① 称职地完成所交给的任务；② 履行工作说明书中明确表示的职责；③ 完成所期望完成的任务；④ 达到工作的正式绩效要求；⑤ 完成工作的义务性内容。

周边绩效也可以称为关系绩效，它的核心内容是组织公民行为。一般认为，组织公民行为是指有助于组织形成良好的工作氛围，增强组织应对环境变化的能力，从而提高员工工作效率和组织绩效的行为，是组织实现目标的重要手段，但组织并不需要明确或直接付给报酬。然而，近年来关于组织公民行为是否存在负效应的讨论日益增多。周边绩效可以用下述量表来测量：① 愿意站出来维护公司的声誉；② 主动把公司的好消息告诉别人，澄清他们对公司的误解；③ 提一些建设性的改善公司运作的建议；④ 认真参加公司会议；⑤ 愿意帮助新同事适应工作环境；⑥ 愿意帮助同事解决与工作相关的问题；⑦ 愿意在需要的时候分担同事的工作；⑧ 愿意与同事交流和合作；⑨ 在无人在场或无章可循的情况下仍然遵守公司规章制度；⑩ 工作认真，很少犯错误；⑪ 乐于挑战或接受新任务；⑫ 为提高工作质量而努力学习；⑬ 经常早到并能立即开展工作；⑭ 认为个人影响力和利益比人际和谐更为重要；⑮ 会利用职位之便做些有利于自己的事情；⑯ 为了自己的利益，他人的批评、建议无须过多在意；⑰ 会在上司或同事的背后抱怨其他同事；⑱ 工作时间会做些私事；⑲ 会利用公司的资源（如电话、复印机、电脑和汽车等）做些自己的事情；⑳ 会为一些私事请病假。周边绩效包括五个维度，分别是上司认同、帮助同事、主动性、人际和谐和保护工作资源。① 需要注意的是，上述部分量表在测量过程中有反向编码。

任务绩效与周边绩效之间的主要区别如表1-1②：

表1-1 任务绩效与周边绩效的主要区别

类别	任务绩效	周边绩效
区别	各职位间有较大不同	各职位间很相似
	很可能是角色事先规定的	不大可能是角色事先规定的
	达成的前提：能力和技能	达成的前提：人格

周边绩效为任务绩效的实现提供了环境，受到重视的程度也越来越大。

三、绩效的特征

绩效具有多维性、多因性特征。多维性是指需要从多个角度去评估绩效。例如，对于销售人员而言，不仅要评估其销售额，还要评估客户满意度、销售技能、团队协作、人际关系协调、出勤、组织公民行为等。对于高校教师而言，不仅要评估授课课时，还要考评科研项目、科研论文、学生授课满意度等指标。一般而言，国内单位在实施绩效管理过程中，经常会从思想政治、工作态度、工作能力和工作绩效等方面进行评估，绩效又可以从数量、质量、时间和成本四个方面设置评价标准。

多因性是指员工与组织绩效会受到多种因素的影响。有学者总结出公式：绩效=f（激励，技能，环境，机会），有时也简化为AMO理论，该理论认为能力（Ability）、动机（Motivation）和机会（Opportunity）是个体绩效的关键。举例来说，某个班级的班长和团支书在校期间能力差不多，毕业时他们同时被分配到了某家销售企业工作。班长被分配到西北地区工作，而团支书被分配到华东地区工作。尽管两人能力相近，但由于区域的差异，团支书每年的销售额要比班长高，这就体现出环境的区别。

四、绩效的分层

按对象来分，绩效可以分为个体绩效、组织绩效和部门绩效。

（一）个体绩效

个体绩效是指组织中员工的个人绩效，它也是早期绩效关注的重点。管理学

---

① 刘家国，周媛媛，石倩文. 组织公民行为负效应研究——整合广义交换、印象管理和进化心理学的分析［J］. 管理评论，2017，29（4）：163-180.
② 赫尔曼·阿吉斯. 绩效管理［M］. 3版. 刘昕，柴茂昌，孙瑶，译. 北京：中国人民大学出版社，2013：88.

鼻祖泰罗就是一名狂热的"绩效至上"主义者，他认为科学管理中最重要的因素是单位工时的精确和科学的研究，以此为基础，通过动作研究和时间研究等实证研究方法寻找并建立起对每一个细分工作的最优工作标准，然后以此标准来要求、指导并评价员工的绩效，依据个体绩效对员工进行奖惩，从而实现企业业绩与个人业绩的共同发展。实际操作过程中的个体绩效指标可以设计如表1-2所示。

表1-2 个体绩效指标示例

子项	序号	考核内容	评分标准	子项权重	明细		自评分	部门评分	备注
质量控制	1	图纸审核效果	设计代表对自己负责的工程填写图纸设计内容审查表	2	已填写	2			
					未填写	0			
			设计代表对每个专业每个阶段的图纸进行审核，将设计失误或不妥之处用蓝色水笔标注在图纸上，然后提交给部门总经理进行审核，部门总经理将审图意见用红色水笔签署在图纸上	25	设计代表发现的错误达80%—100%	25			将设计代表和部门总经理的审图意见项进行比较
					设计代表发现的错误达60%—80%	20			
					设计代表发现的错误达30%—60%	10			
					设计代表发现的错误达0—30%	5			
	2	设计问题检查单的落实效果	设计代表将设计问题检查单中涉及的易犯错误逐一与设计单位核对	20	检查单所罗列的错误未犯	20			
					发现1—2处重犯的错误	15			
					发现3—4处重犯的错误	10			
					发现5处以上重犯的错误	0			
	3	工地现场视察和解决问题的实际效果	通过现场检查记录单，跟踪记录设计代表的现场服务和现场视察情况	10	发现1—3处问题	3			
					发现4—8处问题	7			
					发现9处以上问题	10			

续表

<table>
<tr><th colspan="9">C 公司设计研发部员工考核评估表</th></tr>
<tr><th>子项</th><th>序号</th><th>考核内容</th><th>评分标准</th><th>子项权重</th><th colspan="2">明细</th><th>自评分</th><th>部门评分</th><th>备注</th></tr>
<tr><td rowspan="2">质量控制</td><td>4</td><td>设计变更退回记录</td><td>设计代表需认真审核设计变更，并详细说明变更发生的原因，再提交给部门总经理</td><td>10</td><td colspan="2">设计变更被拒签 1 次扣 1 分（由部门总经理汇总个人的设计变更退回情况）</td><td></td><td></td><td></td></tr>
<tr><td>5</td><td>技术创新情况</td><td>成功引进公司内未运用的新技术、新概念</td><td>5</td><td>1 项</td><td>2</td><td></td><td></td><td rowspan="2">需经部门总经理和公司技术分管领导认可</td></tr>
<tr><td colspan="5"></td><td>2 项以上</td><td>5</td><td></td><td></td></tr>
<tr><td rowspan="4">成本控制</td><td rowspan="4">6</td><td rowspan="4">设计过程中的成本控制情况</td><td rowspan="4">分阶段分专业地进行成本控制，期间需经合约部或专业设计单位的协调</td><td rowspan="4">20</td><td>节约成本 5 万—50 万元</td><td>5</td><td></td><td></td><td></td></tr>
<tr><td>节约成本 50 万—100 万元</td><td>10</td><td></td><td></td><td></td></tr>
<tr><td>节约成本 100 万—150 万元</td><td>15</td><td></td><td></td><td></td></tr>
<tr><td>节约成本 150 万元以上</td><td>20</td><td></td><td></td><td></td></tr>
<tr><td rowspan="4">进度控制</td><td rowspan="2">7</td><td rowspan="2">工序衔接情况</td><td rowspan="2">业主代表制订每个项目的进度计划表</td><td rowspan="2">3</td><td>有进度表，但有遗漏或不合理处</td><td>1</td><td></td><td></td><td rowspan="4">政府或不可避免的原因除外</td></tr>
<tr><td>有进度表，工序衔接合理</td><td>3</td><td></td><td></td></tr>
<tr><td rowspan="2">8</td><td rowspan="2">进度拖延情况</td><td rowspan="2">按照进度计划</td><td rowspan="2">5</td><td>拖延 1 周</td><td>3</td><td></td><td></td></tr>
<tr><td>拖延 2 周及 2 周以上</td><td>0</td><td></td><td></td></tr>
<tr><td colspan="4">总分</td><td>100</td><td colspan="2"></td><td></td><td></td><td></td></tr>
</table>

（二）组织绩效

组织绩效是指组织的整体表现。在泰勒那个年代（20 世纪初），他所面对的企业毕竟规模较小，所有权与经营权在相当程度上仍然是一致的。随着企业规模的扩大，企业管理行为日益复杂，企业走向所有权与经营权分离的轨道。在此情形之下，仍然遵循泰勒简单测量企业组织中个体绩效的思想已很难行得通，因为在许多情形下，个人（如行政管理人员）业绩已很难得到精确衡量，而且由于所有权与经营权分离，委托人更为强调对企业组织整体业绩的衡量，即对经营人员业绩的衡量。为了适应这种变化，管理界创建了杜邦分析系统、剩余收益（RI）、每股收益率（EPS）等以财务指标为主的绩效管理工具。至 20 世纪 60 年代前后，这些绩效管理工具很好地满足了当时管理和控制成本的需要。

在 20 世纪 60 年代前后，绩效管理工具主要测量和反馈的是财务成本信息。但人们向企业投资的目的，是期望它创造财富而不是控制成本。这个明显的事实并没有在传统的绩效测评办法中反映出来。为此，绩效测量标准范围必须扩大，而不能仅仅是财务成本标准。

20 世纪 90 年代以后，组织绩效测量的标准比 20 世纪 60 年代宽泛了许多，为了能将这些分散的但又是企业必需的衡量指标纳入一个统一的逻辑框架中，研究者们开发了一系列新的绩效管理工具，如绩效金字塔、四尺度论、绩效棱柱、经济增加值等。在这些创新工具之中，平衡计分卡最为引人注目。

具体而言，可以认为组织绩效是一种企业输出，包括经营业绩、员工表现、客户关系等各方面的优异表现，也包括财务绩效、人力资本及绩效和社会交互关系。常用的组织绩效衡量量表见表 1-3。

表 1-3　组织绩效衡量理论量表

组织绩效指标	程度				
与主要竞争对手比较，公司的利润很高	1	2	3	4	5
与主要竞争对手比较，公司的总收入很高	1	2	3	4	5
与主要竞争对手比较，公司的利润增长很快	1	2	3	4	5
与主要竞争对手比较，公司员工对企业的满意度很高	1	2	3	4	5
与主要竞争对手比较，公司员工的生产率很高	1	2	3	4	5

实际操作过程中，组织绩效指标可以用表 1-4 来表示。

（三）部门绩效

部门绩效是个体绩效和组织绩效之间的桥梁，它用来衡量组织中某个单元的表现。在实际工作中，可能表现为团队的绩效。例如，团队绩效的评价可分为两个维度，由团队领导评价和由团队成员评价。它可以由以下题项来测量：① 团队成员工作效率很高；② 团队成员工作很努力；③ 团队成员关注自己工作的质量；④ 团队成员总是能按要求甚至超额完成任务；⑤ 团队成员总是用心工作，高标准完成任务；⑥ 团队成员尽职尽责，保证产品的及时交付；⑦ 总体而言，团队成员对自己的工作很满意；⑧ 团队成员的工作责任心很强。⑨ 团队成员对自己的工作目标十分投入；⑩ 团队现行的工作方式能够激励队员继续提高工作绩效；⑪ 总而言之，团队对其运作方式高度满意。实际操作过程中，部门绩效衡量指标可以如表 1-5 所示。

表 1-4　组织绩效指标示例

序号	工作内容		指标名称	考评标准		责任单位	分管领导	执考部门	考评要点
1	总经理客户接待日		制度审查通过次数；制度执行率	1；100%	优	营业稽查部			9月10日前制度通过审查
				>1；<100%	差				
2	强化企业基础管理	制订并落实强化基础管理规划和实施计划	审查通过次数；基础数据准确率	1；100%	优	企管办			9月份提出《加强基础管理工作规划和分步实施方案》提交总经理办公会研究，并组织落实，2022年底前达到各项基础资料数据完整、翔实，与实际相符
				>1；<100%	差				
		制定并落实企业诊断和动态管理办法	审查通过次数；诊断执行率	1；100%	优				
				>1；<100%	差				
3	CSM（客户成功经理）提升活动		全市行风评议	免评或第一名	优	营业稽查部			9月底前整改措施全部完成
				其他	差				
4	组织召开绩效管理现场会		会议效果	超过	优	集团公司			9月10日召开，会议效果以彩虹现场会为标杆
				未超过	差				
5	苏丹工程		利润；不安全人员数；验收合格次数	>0；<1；=1	优	集团公司			落实进驻、施工方案，科学组织，保证目标
				<0；>1；>1	差				
6	明年指标争取		售电量增长率；线损率降低率；供电负荷率	<10%；>0%；<75%	优	企划部、客户中心			跨月工作，根据全省确定指标情况，可适当调整目标要求
				>10%；<0%；>75%	差				
7	ERP（企业资源计划）推进工作		单轨运行	实现	优	财务部			9月30日前完成
				未实现	差				
8	争创工作		部门评优数	≥2	优	集团公司有评优项目的对口单位			跨月工作
				=1	良				
				<1	差				

续表

序号	工作内容	指标名称	考评标准		责任单位	分管领导	执考部门	考评要点
9	9月份安全生产和人员稳定	一类障碍发生数；出现影响廉政及队伍稳定等问题的人数	<1；<1	优	有关部门			
			>1；>1	差				

表1-5 部门绩效指标示例

部门	工作内容	指标名称	考评标准		权重	责任单位	配合单位	执考部门	考评要点
安监部	制定公司"两票"实施细则	延误天数	提前1天	优	50%	安监部	各生产单位		根据集团公司新版"两票"执行规定，补充、修订、完善公司"两票"实施细则并下发，30天内完成行文并下发
			按期完成	良					
			延误1天	差					
	继续安全生产超前预控机制建设现状调研报告	主管评价分数	≥25	优	50%	安监部	各生产单位		一是资料翔实准确；二是分析方法有效；三是能够把握重点问题；四是建议可行有效
			22—24	良					
			16—21	中					
			<16	差					
办公室	绩效管理现场会	会务接待差错数	0	优	30%	绩效管理办公室	办公室		会务接待方案全部实施，完成质量一流，无差错
			≥1	差					
	走访和值班管理	走访计划落实率	100%	优	15%	办公室	各部门		严格按计划控制、组织实施，走访计划落实率100%
			<100%	差					
		值班管理未落实项	0	优	15%	办公室	各单位		按照节日值班规定全部落实，组织到位，没有未落实情况发生
			≥1	差					
	VI（视觉识别系统）方案落实	未完成项	0	优	25%	办公室	相关部门		严格按计划控制、落实，没有未落实项
			1	中					
			≥2	差					
	档案迎检材料上报	主管评价得分	≥6	优	15%	办公室			材料体现公司档案管理特色和先进管理水平，得到上级主管部门肯定、认可

第二节 绩效管理的概念、流程和目的

一、绩效管理的概念

绩效管理本身代表着一种理念和思想，绩效管理的根本目的是持续改善组织和个人的绩效，最终实现组织的战略目标。应该说，绩效管理作为一种管理思想，渗透到企业管理的整个过程，涉及企业文化、战略和规划、组织、人力资源、领导、激励、统计与控制等各个方面，如流程再造、全面质量管理、目标管理等，都可以纳入绩效管理的范畴。并且由于绩效概念的多维性，人们对绩效管理的认知也有着多种观点。因此，给绩效管理下一个统一的定义并不容易。当前对绩效管理的认识主要持以下三种观点。

一是绩效管理是管理组织绩效的体系。持有这种观点的是英国的罗杰斯（Rogers，1990）和布雷德鲁普（Bradrup，1995）。这种观点将20世纪80年代和90年代出现的许多管理思想、观念和实践等结合在一起，其核心在于确定企业的核心战略并加以实施，员工并不是绩效管理的核心。

二是绩效管理是管理员工绩效的体系。这种观点将绩效管理看作组织中个人关于其工作业绩及其发展潜力的评估和奖惩。其代表人物安斯沃思（Ainsworth，1993）、奎因（Quine，1987）、斯坎贝尔（Scannell，1987）等通常将绩效管理视为一个周期，绩效考察应该是一项不断进行的活动。

三是绩效管理是管理组织和员工绩效的综合体系。这种管理将绩效管理看作综合体系，但各种观点内部却因强调的重点不同而并不统一。科斯特洛（Costaylor，1994）的模型意在加强组织绩效，其特点是强调对员工的干预，他认为"绩效管理通过将各个员工或管理者的工作与整个工作单位的宗旨连接在一起，来支持企业或组织的整体战略目标"；而另一种认识却是"绩效管理的中心目标是挖掘员工的潜力，提高他们的绩效，并通过将员工的个人目标与企业战略结合在一起来提高企业的绩效"。目前占主导地位的观点认为绩效管理是以雇员个人为对象，以指导和促进雇员的绩效从而达到改善组织整体绩效为目的的一种参与方法，或者说一整套参与方法。

二、绩效管理的流程

绩效管理的流程通常被看作一个循环，这个循环分为四步：绩效计划、绩效实施与辅导、绩效评价、绩效改进，具体见图1-1。

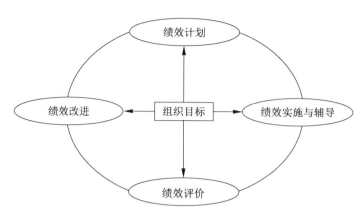

图 1-1 绩效管理流程图

（一）绩效计划

绩效计划是一个确定组织对员工的绩效期望并得到员工认可的过程。绩效计划必须清晰地说明组织期望员工达到的结果以及达到该结果所期望员工表现出来的行为和技能。通常，人力资源部门对监督和协调绩效管理过程负有主要责任。各职能部门的经理人员也必须积极参与，特别是要参与制订绩效计划。更重要的是，如果能让员工也参与其中，那么员工会更容易接受绩效计划并产生满意感。绩效计划的制订是一个自下而上的目标确定过程，通过这一过程将个人目标、部门或团队目标与组织目标结合起来。因此，计划的制订也应该是一个员工全面参与、明确自己职责和任务的过程，是绩效管理的一个重要环节。

（二）绩效实施与辅导

绩效实施与辅导中主要包括两方面的内容，一个是绩效沟通，另一个是员工数据、资料、信息的收集与分析。绩效管理的循环从绩效计划开始，以绩效反馈和面谈等导入下一个绩效周期。在这个过程中，决定绩效管理方法有效与否的关键就是处于计划和评估中间的环节——持续的绩效沟通与绩效信息的收集和分析。

（三）绩效评价

绩效评价是对绩效结果进行测量、考核和反馈的过程。绩效评价包括组织评价和员工评价，组织评价的结果与员工评价的结果是紧密相关的。绩效评价是绩效管理中的反馈环节，评价不仅是为了给出一个分数，更为重要的是通过充分的沟通，使组织或者员工进行目的性更强的绩效改进。

（四）绩效改进

绩效改进是绩效管理过程中的一个重要环节。它主要通过评价者与被评价者之间的沟通，就被评价者在评价周期内的绩效情况进行面谈，在肯定其成绩的同时，找出工作中的不足并加以改进。绩效改进是为了让员工了解自己在本绩效周期内的业绩是否达到所定的目标,行为态度是否合格,让管理者和员工双方达成对评价结果一致的看法;双方共同探讨绩效未合格的原因所在并制订绩效改进计划,同时,管理者要向员工传达组织的期望,双方对绩效周期的目标进行探讨,最终形成一个绩效合约。由于绩效改进在绩效评价结束后实施,而且是评价者和被评价者之间的直接对话,因此,有效的绩效反馈对绩效管理起着至关重要的作用。

三、绩效管理的目的

(一) 战略目的

从整个组织的角度来看,组织的目标被分解成了各部门目标和员工个人目标,组织绩效有赖于各部门绩效目标的实现,而各部门绩效则由员工个人绩效来支持。因此,组织需要将目标有效地分解到各部门,再分解到员工个人,并促使员工和各部门都积极向着共同的组织目标努力;组织需要监控目标实现过程中各个环节的工作情况,及时发现执行中的问题并予以解决;组织需要得到最有效的人力资源,以便高效率地完成任务。这至少需从三个方面入手:一是通过人员配备使员工充分发挥作用;二是通过加强人力资源培训与开发增强组织的整体能力;三是通过薪酬管理和建立能进能出的竞争机制激发员工的工作积极性。绩效管理可以满足上述需要。绩效目标的制定,可以有效地将组织目标分解到各部门和个人;绩效沟通和绩效评价,可以发现目标实现中的问题并及时解决;绩效评价的结果则可作为员工管理、人员配备、培训与开发、薪酬管理的依据。

(二) 管理目的

管理者的价值并非取决于他本人做了些什么,而是取决于下属做了些什么,即员工的工作绩效。管理者必须通过下属来实现自己的绩效目标。绩效管理提供给管理者一个将组织目标分解到员工的机会,并且使管理者能够向员工说明自己对工作的期望和工作的衡量标准,使管理者能够对计划执行情况进行监控。

(三) 开发目的

员工在绩效管理中通常是以被管理者和被评估者的角色出现的,绩效管理对他们来说是一件有压力的事情,是与不愉快的感情联系在一起的。但是每个员工在内心都希望了解自己的工作绩效,了解自己的工作做得怎么样,了解别人对自己的评价。因为他们希望自己的工作绩效能够得到他人的认可与尊重,他们也需要了解自己有待提高的地方,使自己的工作能力得以提高,技能得以改善。

第三节 绩效管理体系的特征

绩效管理体系具有以下特征。

一、战略和环境一致性

绩效管理体系应该与组织和部门的战略保持一致；同时，绩效管理体系应该和组织文化乃至更广泛的民族和国家文化相匹配。

二、实用性和完整性

好的绩效管理体系应当容易使用，且有助于管理者进行决策。绩效管理体系应该包括完整的四个维度：员工接受评价（包括管理人员）、主要工作职责评价（包括行为和结果）、绩效周期内的绩效评价、员工正负面绩效反馈。

三、明确具体性和绩效可辨别性

从上往下看，一套好的绩效管理体系应该能向员工提供详尽具体的指导，告诉他们组织和上级对他们的期望以及他们如何能够达成这种期望。从下往上看，这个体系应当能够对有效的和无效的行为和结果加以区分，从而对表现出各种绩效有效性的员工进行识别，如对各种不同的绩效水平以及所有的员工进行分类或排序。

四、可靠性和有效性

可靠性是指绩效管理体系包含的绩效衡量指标应当是稳定一致并且没有偏差的。例如，如果由两位主管人员根据相同的绩效评价维度同时对同一位员工做出绩效评价，那么两个人最终得出的绩效评价结果应该是接近的。有效性是指绩效衡量指标中包含了与绩效相关的各方面的内容，而不包含与绩效无关的其他内容。

五、可接受性和公平性

一套好的绩效管理体系应该可以被所有参与者接受，而且应被视为是公平的。公平是一种主观感受，包括以下三个部分。

结果公平。结果公平是指相对于员工实际完成的工作而言，他们对绩效评价结果的公平感受，以及相对于他们所得到的绩效评价结果而言，他们对自己获得的报酬感到公平。当在多个国家实施同一套绩效管理体系时，这一点尤其重要。

例如，在个人主义文化的国家（如美国）和集体主义文化的国家（如韩国）中员工对公平的感知可能是不同的。如果员工经过比较认为在得到的绩效评价结果与自己实际完成的工作之间，或者在评价结果与自己获得的报酬之间存在差异，那么，员工很可能会认为这套绩效管理体系是不公平的。

程序公平。1975 年，锡博特（Xibote）和沃克（Walker）提出了法律程序中的程序公平问题（诉讼过程的控制和诉讼结果的决策控制），他们认为只要人们有过程控制（参与诉讼过程）的权利，不管最终判决结果（决策）是否对自己有利，人们的结果公平感都会显著增加。1980 年，基于组织情景，利文撒尔（Leventhal）等提出涉及分配制度的制定（如代表性规则、道德与伦理规则）、分配制度的执行（如一致性规则、避免偏见规则、准确性规则等）和分配制度的完善（如可修正性规则）等的程序公平标准，这些标准基本上代表了实现组织公平的主要程序内容。

互动公平。互动公平是比斯（Thebes）和莫克（Mock）研究分配结果反馈执行时的人际互动方式对公平感的影响的过程中提出的。他们发现，互动公平也会影响结果公平。之后，格林伯格（Greenburgh）又提出将互动公平分成两种：一种是"人际公平"，主要指在执行程序或决定结果时，权威或上级对待下属是否有礼貌、是否考虑到对方的尊严、是否尊重对方等；另一种是"信息公平"，主要指是否给当事人传达了应有的信息，即要给当事人提供一些解释，如为什么要用某种形式的程序或为什么要用特定的方式分配结果。

六、参与性和开放性

参与性是指绩效管理体系应当持续利用来自多种不同渠道的信息，最重要的是，员工通过参与创建绩效管理体系来提出自己的意见。而开放性是指绩效管理体系的信息获得、评价等是公开透明的，如通过上下级的持续沟通，信息得以互换，员工绩效评价可以得到及时反馈。

七、可纠正性

一套完全客观的绩效管理体系中，应有一种当员工感到上级对自己的绩效评价出现偏差时可以纠正的机制，使得员工有渠道对可能发生的不公平决策提出自己的质疑。

八、标准化和伦理性

标准化意味着在不同的时间以及对不同的人进行绩效评价时，应当保持一致性。为了达到这个目标，就必须对负责绩效评价的各级管理者进行持续不断的培训。伦理性意味着管理者在进行绩效评价时，必须对个人兴趣加以控制。同时，管理者应当确保只去评价那些自己能够掌握充分信息的绩效维度，并尊重员工个人隐私。

第四节 绩效管理试点与测试

在正式实施绩效管理体系之前，最好对整个体系进行一遍测试，以便在必要时进行调整和修订。在对绩效管理体系进行的这种试点与测试中，绩效评价结果不会被记录在员工的个人档案中。尽管如此，绩效管理体系还是会在这一过程中被从头到尾完整地试行一遍，其中包括在实际实施绩效管理体系时所涉及的所有步骤。换句话说，上级主管要和员工进行几次会谈，要收集绩效数据，要设计开发计划，还要向员工提供反馈，在这种试点与测试过程中，最重要的一个方面是，所有的参与者都应当将遇到的所有困难如实记录下来，其中包括在填写绩效评价表格时遇到的问题、在绩效衡量方面遇到的问题以及在提供反馈时遇到的问题等。

这种试点与测试可以使一个组织在整个组织范围内实施绩效管理体系之前，对任何可能存在的缺陷进行弥补。我们不能假定绩效管理体系必然得到实施并且一定会产生预期的结果。试点与测试使我们能够从该体系的用户那里得到一些关于该体系运转状况的信息，了解在使用这种体系的过程中可能会遇到的困难以及前面没有预见到的障碍，同时收集关于如何对该体系的方方面面加以改善的建议，理解人们对它可能做出的各种反应。此外，进行试点与测试还是争取少部分人提前接受绩效管理体系的另一种方式，这些人进而会成为绩效管理体系的倡导者，而不是在人力资源管理部门推广绩效管理体系时设置障碍。最后，实施试点与测试的另一个好的理由是，一旦最终用户了解到组织的利益相关者在绩效管理体系的设计方面有一定的发言权，他们接受绩效管理体系的可能性就会较高，就不会认为绩效管理体系是由人力资源管理部门单方面设计出来的。

本章案例

通用电气（中国）有限公司的绩效管理体系

通用电气（中国）有限公司的评估系统将20%的员工定位为最好（A），10%的员工定位为最差（C），另外70%的员工按照表现给予相应的定级（B），而公司将依据定级对每个员工的考核结果进行工资调整、晋升及各种奖惩措施。以业绩为横轴，以组织内达到这种业绩的员工的数量为纵轴，可以得到一张正态分布图（图 1-2）。

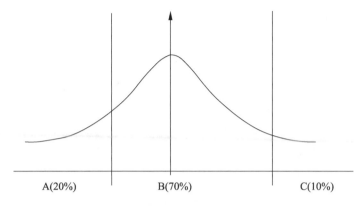

图 1-2　员工业绩正态分布图

利用这张正态分布图，你将很容易地划分业绩排在前面的 20% 的员工、业绩排在后面的 10% 的员工以及中间 70% 的员工。这种评估组织内人力资源的方法，韦尔奇称为"活力曲线"。"活力曲线"当然不仅仅是一个划分的工具，其产生的作用更体现为划分之后的严格区别对待。

首先是工资提升、职务晋升和股票期权等奖励上的区别对待：A 类员工得到的奖励往往是 B 类员工的两到三倍；B 类员工也会得到奖励，通常他们中的 60%—70% 会得到工资提升和股票期权；C 类员工不会得到任何的激励。

考核能够取得预期的目的，有多方面的因素，在所有这些因素中，公司认为最重要的不是公司的考核方法、考核技术、考核制度有多复杂、有多高深，而是公司能够把简单的事情做好、做到位。而这正是公司的价值观"确立一个明确、简单和从现实出发的目标，传达给所有人员"所要求的。

公司的考核工作是一项系统的工程，包括目标与计划的制订、良好的沟通、开放的氛围、过程考核与年终考核结合、信息的及时反馈。考核与员工的利益紧密联系，强调公司的价值观、领导的支持、管理层与一般员工的积极参与、有一个制度来保证等。

考核的结果与员工的个人利益、职业生涯发展有密切关系，考核的结果与员工第二年的薪酬、培训、晋升、工作调动等挂钩，同时考核也是为了提高员工自身的素质。公司会尽可能满足员工的一些想法和要求，鼓励员工表达自己的真实想法，并且尽最大的可能帮助员工实现。

问题：

1. 通用电气（中国）有限公司的绩效考核方法的本质是什么？
2. 通用电气（中国）有限公司的绩效考核是如何保证公司、部门和岗位绩效一致的？

3. 通用电气（中国）有限公司的绩效考核有何特征？

附录：

某公司绩效考核办法

第一章 总则

第一条 为了全面、正确评价本公司员工的工作实绩和德才表现，推动创新争优，建立科学、规范的内部管理机制，根据《××绩效管理优化方案》，结合公司实际情况，制定本细则。

第二条 本细则就绩效考核的机构及职责分工、考核范围、考核方法、考核指标、考核程序、考评原则和考核等次、结果运用、考核纪律等进行明确规定，是实施绩效管理工作的具体依据。

第三条 考核目的

考核制度的建立实施体现"重激励、硬约束、严考核"的要求，通过考核激发全公司员工的工作积极性和主动性，规范行为，激励创新，创建良好有序的工作环境，为建立员工"双向选择"机制奠定基础，规范和完善内部管理，提高整体服务质量和水平，促进各项工作的顺利完成。

第二章 考核机构及职责分工

第四条 考核机构构成

成立公司绩效管理委员会，由总裁、副总裁、总裁助理、综合部等人员组成，总裁任主任。

绩效管理委员会下设绩效考核小组和绩效管理办公室。

第五条 绩效管理委员会职责

绩效管理委员会主要职责：

1. 提出绩效考核的目标方向，审定绩效考核相关制度、重要工作方案和绩效指标及其标准；

2. 监督绩效考核的实施过程，协调处理公司层面的相关问题，保证绩效考核体系正常运作；

3. 受理员工绩效申诉，并做最终裁决。

第六条 绩效考核小组职责

绩效考核小组由分管副总裁担任组长，综合部、财务部及其他三个部门主要负责人担任组员，每年度进行调整。每年度考核小组的名单在年初公开。

绩效考核小组主要职责：

1. 根据工作目标草拟本年度绩效考核方案和实施方法；

2. 组织、指导、监督考核工作；
3. 接受和处理申诉；
4. 拟定考核结果运用建议（由绩效管理办公室拟定，绩效管理委员审批）。

第七条 绩效管理办公室职责

绩效管理办公室负责公司绩效考核的具体组织与实施工作。绩效管理办公室由综合部、财务部等相关部门组成，挂靠综合部。

主要职责：负责公司绩效考核的日常管理工作；总结经验、发现问题，拟订、改进与完善工作方案。

第三章 考核范围

第八条 考核范围

本细则适用于公司所有部门及全体员工。

第九条 有以下情况的员工不列入考核范围：

1. 本年度病假、事假、产假累计超过四个月以上的；
2. 有其他特殊情况者。

第四章 考核方法

根据公司组织管理层次，设立三级考评主体。公司总裁为一级，副总裁与总裁助理为二级，部门总经理与经理为三级，实施纵向逐级管理。总裁有权对各组的绩效考核实施情况进行监督、检查和指导。

第十条 部门员工由本部门总经理与经理进行考核，考核分由业绩考核、行为规范考核、评议指标考核、加减分考核四部分的分数组成，部门总经理与经理考核打分结束后，考核结果由考核小组进行审核。

第十一条 部门总经理与经理由直属上级进行考核，考核分由业绩考核、行为规范考核、评议指标考核、加减分考核四部分的分数组成，直属上级考核打分结束后，考核结果由考核小组进行审核。

第十二条 副总裁、总裁助理由公司总裁进行考核，考核分由业绩考核、行为规范考核、评议指标考核、加减分考核四部分的分数组成。

第五章 考核指标

绩效考核指标分为关键业绩指标（简称 KPI）、行为规范指标、评议指标三大类。评议指标分为满意度和素质能力两类。

第十三条 关键业绩指标

1. 关键业绩指标按考核周期分为半年度和年度两类；按性质分为常规、重要、否决三类。

常规 KPI：来自各部门和各岗位的主要职责和工作。通过对公司和部门目标、任务的分析，找出支持公司和部门目标完成的关键工作，并对关键工作进行量化或建立可衡量的标准，形成常规 KPI。

重要 KPI：上一考核周期未达到标准的 KPI，通过绩效改进会议确定改进方案后，应纳入下一个周期的计划中，称为改进 KPI；或者将部门或岗位确定的突发的但工作量非常大的工作作为重要的 KPI。

否决指标是指重大安全事故、质量事故等。

2. KPI 的考核周期。

结果性常规 KPI 考评周期一般为半年或年度，列入年度考核；改进性重要 KPI 考评周期为半年度。

第十四条 行为规范指标

行为规范指标主要是衡量员工个人工作态度、工作积极性、工作主动性、出勤等方面的情况。

第十五条 胜任能力及素质评议指标

为对中层干部及其后备人选的能力及素质进行评价，以现行民主评议为基础，进一步明确标准，实行胜任能力及素质评议。

第十六条 加减分指标（略）

第六章 考核程序

第十七条 考核程序

1. 各部门或责任人平时做好考核记录，以便每半年度可及时准确地提供考核资料；
2. 被考核者自评；
3. 考核者根据被考核者自评进行打分，并将考核表交综合部；
4. 对各项考核表进行汇总、审核，确定员工的当期考核结果；
5. 通报考核情况，接受和处理申诉；
6. 报送绩效管理委员会进行确认；
7. 公示考核结果；
8. 考核结果的运用。

第十八条 月度计划管理

1. 月度计划

每月 5 日前各部门、岗位根据公司重点工作，在上下沟通的基础上，分别确定主要工作及评价标准，形成月度工作计划。月度工作计划在每月 28 日前由上级审核确认，部门工作计划上报综合部备案。在计划实施过程中，对于临时性追加的任务，经上级审核同意，可以追加。

2. 计划实施

在计划实施过程中，各主管对每项工作的进展情况进行追踪，提供帮助，并记录关键点，以便月底评价。由于客观原因而不能完成工作的，经主管审批同意后，报综合部备案并更改计划。

3. 月底点评

次月 5 日前各级主管按照设定的标准与员工就月度工作计划完成情况进行沟通，指明成绩，查找不足或可改进处。

第十九条 半年度考评

1. 员工半年度考评

普通员工半年度考评：半年度指标考核得分+月度计划管理情况（参考）+中期述职（参考）。

上半年绩效指标的确定：每年 1 月 10 日前由综合部牵头，各部门主管召集所有员工开会，制定形成各岗位半年度考核指标，形成量化考核标准，员工和上级主管签字同意，并交综合部备案。

上半年绩效考核的实施：每年 7 月 15 日前各部门内部各岗位完成中期述职，在此基础之上各部门主管完成对所有岗位的绩效考核，计算考核得分，明确考核意见。

下半年绩效指标的确定：每年 7 月 20 日前由综合部牵头，各部门主管召集所有员工开会，制定形成各岗位半年度考核指标，形成量化考核标准，员工和上级主管签字同意，并交综合部备案。

下半年绩效考核的实施：每年 1 月 10 日前各部门内部各岗位完成年底述职（与中期述职内容一致），在此基础上各部门主管完成对所有岗位的下半年度绩效考核，计算考核得分，明确考核意见。

每年 1 月 11 日前在年底述职的基础上各部门主管对被考核员工的能力和态度进行评价，并计算出年度考核得分。

2. 管理人员半年度考评

管理人员半年度考评：半年度指标考核得分+月度计划管理情况（参考）+中期述职（参考）。

上半年绩效指标的确定：每年 1 月 20 日前由综合部牵头，总裁召集管理人员开会，制定形成管理人员半年度考核指标，形成量化考核标准，管理人员和主管签字同意，并交综合部备案。

上半年绩效考核的实施：每年 7 月 15 日前由综合部组织各管理人员向其分管领导中期述职，在此基础之上各级主管完成对管理人员的绩效考核，计算考核得分，明确考核意见。

下半年绩效指标的确定：每年 7 月 20 日前由综合部牵头，总裁召集所有管理人员开会，制定形成各管理人员半年度考核指标，形成量化考核标准，总裁和管理人员签字同意，并交综合部备案。

下半年绩效考核的实施：每年1月10日前各管理人员完成年底述职（与中期述职内容一致），在此基础上管理人员的上级主管完成下半年度绩效考核，计算考核得分，明确考核意见。

每年1月11日前在年底述职的基础上分管领导对被考核管理人员的能力和态度进行评价，并计算出年度考核得分。

第二十条　年度综合考评测算

1. 普通员工年度考评：70%×（上半年考核得分+年底考核得分）/2+20%×员工能力评价+10%×工作态度评价

2. 管理人员年度考评：70%×（上半年考核得分+年底考核得分）/2+20%×管理能力评价+10%×工作态度评价

第二十一条　被考核者对考核有疑义的可以在5个工作日内按照规定进行书面申诉，申诉分为一级申诉和二级申诉。部门员工对经理给予的考核有疑义的可向考核小组提出书面申诉，经考核小组协调后仍有疑义的，可再向绩效管理委员会提出申诉，不能直接进行二级申诉。部门经理以上人员对上级给予的评价有疑义的直接向绩效管理委员会提出书面申诉。申诉必须按照申诉程序进行，不按程序进行申诉者不予受理。考核小组与绩效管理委员会在10个工作日内做出答复。

第七章　考核原则与考核等次

第二十一条　考核原则

在实施绩效考核工作时要坚持以下原则：

1. 逐级考核；
2. 因工作需要，跨部门安排工作的，实行项目考核制；
3. 应急项目由分管领导直接考核。

第二十二条　考核等次

优秀为90分以上，良好为75—89分，一般为60—74分，差为60分以下。

第八章　考核结果的运用

第二十三条　绩效与奖金

绩效考核结果分别与半年度、年度奖金挂钩，具体计算公式如下：

半年度绩效工资=基数×（考核得分/100）

年度绩效工资=基数×（考核得分/100）

第二十四条　绩效与培训

对各部门内的年度考核第一名进行奖励性培训，如出国培训、公费进修、调研考查，费用由公司全额报销。对部门内考核成绩较差者进行提升能力的培训，由主管与其共商培训方案，员工本人承担一定比例的培训费用（建议10%左右）。

第二十五条　绩效和岗位调整

部门内考核成绩较差的由总裁召集面谈，商讨共同进步方案；培训过后仍不能胜任工作者亦可调整工作岗位直至不续签劳动合同（培训期间奖金发放70%）；考核成绩优秀的员工，经绩效管理委员会商定，优先考虑其职务晋升。

第二十六条　绩效和评比先进

各岗位内部考核成绩第一名作为公司各类先进评选的自动候选人，在此基础上再由绩效管理委员会确定具体的先进员工。

第二十七条　绩效改进计划

对月度计划管理、半年度和年度考核中发现的问题和差距，各级考评主管应安排正式的沟通面谈，共同商讨，形成绩效改进计划，帮助分析原因，指明改进方向，并作为改进指标列入下期绩效计划。

第九章　考核纪律

第二十八条　考核纪律

1. 考核人员必须严格按规定要求和程序，实事求是地进行考核，做到客观公正，秉公办事；

2. 各级考核人员应对自己所承担的考核工作结果负责；

3. 对在考核过程中有徇私舞弊、打击报复、弄虚作假行为的，一经查实，严肃处理。

第十章　附则

第二十九条　制度动态完善

本办法自公布之日起实行，以便发现和修正问题，绩效管理委员会认为时机成熟时正式实施。

第三十条　制度解释权限

本办法由绩效管理委员会负责解释并修改。

第二章 工作分析

工作分析是一项管理活动，它旨在通过收集、分析、综合整理有关工作方面的信息，以确定某一工作的任务和性质是什么，以及哪些类型的人适合（从技能和经验的角度）被雇佣来从事这一项工作。工作分析是人力资源管理的一项最基础的工作，受到广泛的关注。

第一节 工作分析概述

一、与工作分析有关的术语

工作。工作指个人在组织里所承担的全部角色的总和。工作是组织最基本的活动单元，也是组织中最小的相对独立体，如警察、消防员等。

工作分支（Branch）。工作有许多分支，如公共安全就是工作领域的一个分支。每个分支可以进一步分为许多群体（Group），如执法人员是公共安全工作的群体之一。

工作要素（Element）。工作要素是工作中不能再分解的最小动作单元，它详细描述任务的一部分所涉及的方法、过程和技术。

活动（Activity）。活动是旨在满足工作需求的一组或多组工作要素。例如，客服人员会把使用电话这一工作要素作为"接听顾客投诉电话"活动的一部分。

任务（Task）。任务是为实现特定工作目标而进行的活动的集合。对于民警来说，"沟通各方当事人以协调化解矛盾"便是任务之一。对一项典型工作进行彻底的工作分析通常会产生 30 到 100 项任务。每项任务都应该有明确的开始、过程和结束。一般而言，任务往往以动词作为开始。

职责（Duty）。职责是一个任务集合，所有任务都是针对工作的一般目标的。对警察来说，一项职责可能是"打击犯罪活动"，包括逮捕吸毒者和贩毒者、打击赌博、打击色情活动等。一个彻底的工作分析可能产生 5 到 12 项典型的工作职责。

职位（Position）。职位是一组职责、任务、活动和要素的综合（集成），可以由一个员工来完成。用我们的术语来说，每个员工都有一个职位而不是一份工作。工作被定义为一组相关职位，这些职位在所完成的工作或为组织服务的目标方面都非常相似，因此组织中以相同的名称来称呼这些职位。

二、工作分析的内涵

（一）工作分析的概念

工作分析是一种有目的的、持续的组织活动，是一个系统化提取工作信息的过程，它由专业人士来实施，通过工作分析过程而产生工作说明书等产品，用以描述所做的工作或有效执行任务所需的能力，揭示和传递组织中有关工作的信息，以便组织开展出人力资源管理和其他管理职能。工作分析是一份技术含量较高的工作，不仅需要组织提供一定的资源，还要求工作分析人员具有较高的知识和技能。

（二）工作描述

工作描述是对工作的简短书面描述，旨在描述工作的本质。工作描述通常包含标识符（用以区分该工作与其他工作，包括工作名称、地点、工作关系和权力链、岗位编码、薪资等级等）、工作摘要（工作内容的简单概括）、工作职责（工作所有主要职能及其要求的细节描述）、工作输出（工作对应的结果和完成程度）、工作权限和相互关系（各岗位相互间的权责分配情况及各部门间的相互合作与通知关系）、工作环境（工作的物理环境和心理环境，以物理环境为主）。

（三）职位分类

可以基于条线关系、工作权限、工作职责、任职资格等标准对职位进行分类，为薪酬标准设置和员工招聘选择提供重要参考。

（四）工作规范

工作规范是指要求的最低任职资格（如学历、工作经验年限等）。这些规范可用于告知求职者和负责筛选的招聘者，说明求职者必须达到的标准。任职资格一般以执行工作需要的人力资源属性形式呈现，通常被称为KSAOs，即知识、技术、能力、其他特征（Knowledge, Skills, Abilities, Other Characteristics）。其中，知识是执行工作所需要的信息的集合，可以通过预先的教育、培训或测试来获得。技能是一种能够熟练地对人、想法或事物进行手动、口头或心理操作的技巧。技能是可以直接被观察到的，一般以技能水平作为人力资源需求的标准。能力是不可直接观察的，而是一种隐性的高阶结构，如表达能力、学习能力等。其他特征指完成工作所需要的其他特质，如人格、个性等。

三、工作分析的流程

工作分析流程可分为筹划阶段、实施阶段、结果形成阶段和应用与调整阶段。

（一）筹划阶段

筹划阶段要解决以下问题：

第一，确定工作分析的目的。如果工作分析的目的是编写工作说明书并为空缺的职位招聘员工，则侧重的应是该职位的工作职责和对任职者的要求。如果工作分析的目的是培训和开发，则侧重点就在于衡量每一项工作的职责以及这一职责所需的员工的能力。如果工作分析的目的是为确定绩效考核的标准，那么侧重点就应该是衡量每一项工作任务的标准，需要厘清任职者完成每一项工作任务时的时间、质量、数量等方面的标准。如果工作分析的目的是确定薪酬体系，则需要通过访谈获得描述性信息，用定量的方法对职位进行量化评估，确定每一职位的相对价值。

第二，制订工作分析的实施计划。详细的工作分析实施计划包括一份详细的工作实施计划、工作分析的目的和意义、工作分析所需收集的信息、工作分析项目的实施者、工作分析的程序、工作分析的时间、工作分析方法的选择、工作分析的参与者、工作分析提供的结果和工作分析结果的审核与评价者。

第三，组建工作分析小组。

第四，收集、分析有关的背景资料，包括：组织结构图，组织结构图中既包括了纵向的报告关系，也包括了一些横向的职能责任；流程图，它表明了工作之间是如何彼此联系起来的，提供了关于特定工作的更详尽的分析；部门职能说明书，它规定了组织中一个部门的使命和职能；组织现有的工作说明资料，如组织中现成的职位职责、职位描述等资料；职业分类，它是采用一定的标准，依据一定的分类原则，对从业人员所从事的各种社会职业进行的全面、系统的划分与归类，基本依据是工作性质的同一性。我国职业分类辞典中将职业分为大、中、小和细类四个层次。美国劳工部开发的职位分析系统（O∗NET）是国际上广泛应用的职位分析工具。

第五，分析信息收集的类型。关于职位的最关键的大量信息需要从实地调查研究中得到。在实施工作分析调研之前，需事先考虑收集哪些信息。

第六，确定信息收集的方法。

（二）实施阶段

实施阶段主要包括以下环节：

第一，取得相关人员的理解。让参与工作分析的有关人员了解工作分析的目的和意义，消除内心的顾虑和压力。把工作分析的步骤告诉参与的员工，有利于员工的心理安定，使得参与员工能够积极配合。

第二，收集工作信息的实际操作。工作分析人员按照既定的程序，分发问卷和表格，与有关人员面谈，有计划、有步骤地收集与工作有关的各种信息。与此同时，还要通过实地观察来收集信息。然后根据一定的标准，对所有收集的与工作有关的信息进行分类、整理，形成有条理的文件材料。

第三，审查、确认工作信息。通过对收集来的信息进行加工、处理而形成的文字材料，必须由工作任职者和任职者的上级主管进行审查、核对和确认，以避免偏差。

（三）结果形成阶段

结果形成阶段包括以下环节：

第一，按照既定的标准和方法，对已确认的与工作有关的信息进行描述、分类、归纳和整理，提出与工作有关的信息，剔除不相关的信息，并形成书面文字。

第二，在对现有的已确定的与工作有关的信息进行分析、整理后，会形成一份工作说明书的初稿。这份初稿必须返回到与工作分析相关的任职人员以及任职者的主管手中，并随附一份意见反馈表格。经过任职者与任职者的主管填写后，再返回到工作分析人员手中。工作分析人员根据意见反馈情况对工作说明书加以修订。

（四）应用与调整阶段

应用与调整阶段包括以下工作：

第一，在工作说明书的使用中，要正确地予以评价，以备对工作说明书的正确使用。在对结果的评价中，应该明确阐明工作分析带来的效益情况以及筹划和实施工作分析活动中所有花费的投入产出对比表。效果评价就是看工作分析的目的是否实现，是否解决了人力资源管理中需要解决的有关问题。

第二，经常对工作说明书的内容进行调整和修订。

第二节　工作分析的类型

一、工作分析的分类

工作分析可分为工作（任务）导向型的工作分析系统和人员（工作者）导向型的工作分析系统。工作导向型的工作分析系统主要适用于那些常规的、劳动过程可见的、劳动结果易于衡量的工作。一般来说，这种系统侧重于分析提供产品或服务所需要的任务和行为。典型的工作导向型工作分析方法有关键事件法（Critical Incidents Technique，CIT）、任务清单分析系统（Task Inventory Analysis，

TIA）、职能工作分析法（Functional Job Analysis，FJA）等。人员导向型的工作分析系统主要适用于那些需要创造性和开拓性、工作弹性大、工作规律少、不易分析把握的工作。一般来说，这种系统强调完成工作任务和行为所需的雇员知识、经验、技能、能力、天赋和性格等。典型的人员导向型工作分析方法有职位分析问卷法（Position Analysis Questionnaire，PAQ）、工作要素法（Job Element Method，JEM）、临界特质分析系统（Threshold Traits Analysis System，TTAS）、管理人员职务描述问卷法（Management Position Description Questionnaire，MPDQ）等。工作导向型工作分析系统和人员导向型工作分析系统的差异如表2-1。

表2-1 工作导向型和人员导向型工作分析系统的比较

比较内容	类型	
	工作导向型工作分析系统	人员导向型工作分析系统
侧重点	分析提供产品或服务所需要的任务者的能力、知识和行为等	强调成功完成工作任务和行为所需的个体工作
工作的结构性	结构性高	结构性低
产业类型	传统产业	知识性产业
工作的结果和过程特征	输出结果是大量的、一致的，输入向输出的转化标准化	组织输出结果个性化，输入向输出的转化多样化
企业价值观中对人的假设	假设人是被动的	假设人是主动的
工作关系的相关性	用制度、流程来协调	用人来协调效果好
工作类型	服从性价值高	创造性价值高
分析对象	无特定人群	某类特定人员，如会计

收集工作分析信息的方法与技术有很多，但各种方法都有自己的优缺点，所以选择时要比较其优劣，进行综合考虑。可以从以下几个方面来考虑。

适应性：该方法的适合程度以及该方法对研究情况的适应性。

匹配性：工作分析方法应符合人力资源活动的目的。

标准化：该方法制定的标准能否适用于不同时间和不同来源的工作分析资料。

接受程度：使用者能否接受这种方法（包括这种方法所采用的形式）以及接受这种方法的程度。

理解程度：使用这种方法的人或被其结果影响的人对这种方法的了解程度。

培训需求：使用这种方法时需要进行培训的等级。

便利性：使用这种方法进行工作分析时的便利程度。

时间要求：实施方法及获得分析结果所需要的时间。

信度：不同的工作分析人员对同一种工作的分析所得到的结果的一致性和同

一工作分析人员在不同的时间对同一种工作的分析得到的结果的一致性。

效度：该方法对职责的重要性，对完成职责所需技术和能力的描述的准确性。

成本和价值：与使用该方法花费的成本相比，组织通过使用这种方法获得的利益或价值的总量大小。

二、工作导向型工作分析方法

（一）任务清单分析系统（TIA）

1. 任务清单分析系统的构成

任务清单分析系统一般由两个子系统构成：一是用于收集工作信息的一套系统的方法、技术；二是与信息收集方法相匹配的，用于分析、综合和报告工作信息的计算机应用程序。在任务清单系统中，收集工作信息的方法实际上是一种高度结构化的调查问卷，包括两部分：一是背景信息；二是任务清单。背景信息部分包括两类问题：传记性问题与清单性问题。传记性问题是指可帮助分析者对调查对象进行分类的信息，如姓名、性别、职位序列号等。清单性问题是为了更加广泛深入地了解有关工作方面的背景信息而设计的问题。清单性问题的内容可能包括所用的工具、设备，对工作各方面的态度等。任务清单部分其实就是把工作任务按照职责或其他标准以一定顺序排列起来，然后由任职者根据自己工作的实际情况对这些工作任务进行选择、评价等，最终理顺并形成该工作的内容。工作任务清单的调查对象一般是某一职业领域的任职者及其直属管理者。任职者先填写背景信息部分，再在任务清单中选择符合他所做工作的任务项目并给予评价，如相对时间花费、重要程度等。任职者的管理者通常提供有关工作任务特征的信息，如任务的难度、对工作绩效的影响等，然后运用一定的计算机应用程序软件对收集来的信息进行处理、分析、综合，并形成工作分析报告。

2. 任务清单分析系统的实施步骤

（1）构建任务清单。任务清单的构建方式有很多种，可以来自对所研究工作的观察或工作日志；也可以来自其他任务清单，如某部门的任务清单或某工作组的任务清单；还可以借助于主题专家们进行任务描述。

（2）利用任务清单收集信息。第一步，被调查者以填空或选择的方式回答背景信息部分的所有问题。第二步，被调查者阅读任务清单上的所有任务描述，并在属于其正常工作范围内的任务描述旁边做标记。第三步，被调查者在另一张空白纸上写出没有被包含在任务清单中但属于其正常工作范围内的所有任务描述。第四步，被调查者重新回到任务清单起点，逐一对其所选定的任务进行评价。

（3）分析任务清单收集到的信息。任务清单系统收集的信息绝大部分是量化的，可以使用计算机程序进行统计分析。较为成熟的任务清单系统都有自己的应用软件，如 CODAP 系统，也可以借助 SPSS、EXCEL 等进行统计分析。

（4）利用任务清单编制工作说明书。任务清单系统分析结果是典型的工作说明书，包括工作描述和工作规范两部分。利用任务清单编制工作规范之前，要进行"知识、技术、能力（KSAs）矩阵"研究，即将任务与一些可能需要的 KSAs 组成矩阵，用数值表明两者之间的相关程度。

3. 任务清单分析系统的优缺点

优点：信息可靠性较高，适用于确定相关的工作职责、工作内容、工作关系和劳动强度等方面的信息；所需费用较少；难度较小，容易为任职者接受。

缺点：对"任务"的定义难以把握；使用范围较小，只适用于工作循环周期短、工作内容比较稳定、变化较小的工作；整理信息的工作量大，归纳工作比较繁琐；任职者在填写清单时，容易受到当时工作的影响，通常会遗漏其他时间进行的且比较重要的工作任务。

（二）职能工作分析法（FJA）

职能工作分析法主要分析方向集中于工作本身，是一种以工作为导向的工作方法。职能工作分析法最早起源于美国培训与职业服务中心的职业分类系统，其以工作者应发挥的职能为核心，对工作的每项任务要求进行详细分析，对工作内容的描述非常全面具体，一般包括全部内容的 95%。

1. 职能工作分析法的要点

为了有效获取信息，工作分析者需要掌握职能工作分析法的一些要点：

（1）工作描述语言的控制：工作者要完成什么以及通过什么行为来完成。

（2）工作者职能等级的划分依据：所有工作都涉及工作者与数据、人、事三者的关系，所以将工作者职能分为事务职能、数据职能和人员职能。

（3）完整意义上的工作者：同时拥有通用技能、特定工作技能和适应性技能的工作者。

（4）工作系统：由工作者、工作组织和工作本身组成。

（5）任务：工作的子系统和基本的描述单元。

（6）SMEs（主题专家小组）作为基本信息来源的重要性：通过 SMEs 获取基本信息的信度和效度。

作为一种职能分析系统，职能工作分析法的核心是分析工作者的职能。其对职能的分析是通过分析工作者在执行工作任务时与数据（信息）、人和事的关系来进行的。工作的难度越大，所需的能力越高，也就说明工作职能等级越高。表 2-2 是职能工作分析法的职能等级表，每项职能描述了广泛的行为，概括了与数据（信息）、人和事发生关系时工作者的工作行为。

表 2-2 职能工作分析法职能等级表

数据（信息）		人		事	
号码	描述	号码	描述	号码	描述
高					
6	综合	7	顾问	4A	精确操作
5A	创新	6	谈判	4B	装配
5B	协调	5	管理	4C	操作控制 2
中等					
4	分析	4A	咨询	3A	熟练操作
3A	计划	4B	指导	3B	操作控制 1
3B	编辑	4C	处理	3C	开动-控制
		3A	教导	3D	发动
		3B	劝导		
		3C	转向		
低					
2	抄写	2	信息转换	2A	机械维护 2
1	比较	1A	指令协调	2B	机械维护 1
		1B	服务	1A	处理
				1B	移走
				1C	照管

2．职能工作分析法的实施步骤

（1）回顾现有的工作信息。工作分析者必须首先熟悉 SMEs 的语言（行话）。这个步骤通常要花费 1—3 天，这主要取决于可得的信息量以及时间的压力。

（2）安排同 SMEs 的小组会谈。这个过程通常要持续 1—2 天，选择的 SMEs 要尽可能广泛地代表工作任职者。

（3）分发欢迎信。自我介绍后，工作分析者应当向与会者分发一份欢迎信，来解释小组会谈的目的。

（4）确定任务描述的方向。工作分析者应事先准备好三张演示图，第一张显示任务的结果，第二张显示一个简单任务的例子，第三张显示一个难度、复杂程度中等的任务的例子。这个过程大概会花费 20—30 分钟。

（5）列出工作的产出。通常工作结果很少超过 10 条，多数情况下是 5—6 条。一般来说，这个过程大约要 15 分钟。

（6）列出任务。让 SMEs 从任何一个工作结果着手，请他们描述通过完成哪些任务才能得到这个工作结果。

（7）推敲任务库。在某些情形下，同样的任务会在信息来源或是最终结果上有细微的差别，工作分析者需引导大家对任务做一定的细化。

（8）产生绩效标准。SMEs完成了任务库之后，就要让他们列出为了圆满完成任务任职者需要具备的素质。通常还要求标出哪些素质是比较重要的，哪些是最为关键的。

（9）编辑任务库。工作分析者对信息进行整理，疏通语句，斟酌用词，完成对任务库的最后编辑。

职能工作分析法非常清楚地阐述了组织内部关于工作与人的一些理论：必须对工作者"做什么"和"需要做什么"做基本的区分；工作者在工作范围内所做的主要是处理信息、人和物之间的关系；与处理各种关系相适应的职能都遵从由易到难的等级和顺序；三个等级序列提供两个衡量指标——复杂性水平和参与比例。职能等级反映了工作者处理各种关系时的自主决策空间的大小。

3. 职能工作分析法的优缺点

优点：① 信息可靠性很高，适用于确定有关工作职责、工作内容、工作关系、劳动强度等方面的关系。所需费用也较少。② 认真记录的工作日记可以提供大量的工作信息，如计划工作质量、自主权、例外事务比例、工作负荷、工作效率、工作中设计的关系等。③ 工作日志记录的内容不但对职位分析有用，而且也是自我诊断的工具。

缺点：① 将注意力集中于活动过程，而不是结果。② 使用范围较小，只适用于工作循环周期较短、工作状态稳定无大起伏的职位。③ 整理信息的工作量大，归纳工作繁琐。④ 工作执行者在填写时，会因为不认真而遗漏很多工作内容，从而影响分析结果。另外，填写日志会在一定程度上影响正常工作。⑤ 若由第三者进行填写，人力投入量会很大，不适用于处理大量的职务。⑥ 存在误差，需要对记录分析结果进行必要的检查。

三、人员导向型工作分析方法

（一）职位分析问卷（PAQ）

1. 职位分析问卷的内容

工作分析的方法非常多，有访谈法、问卷法、工作日志法、关键事件法等，在众多工作分析中，问卷法使用的范围最为广泛，应用程度也最深。在众多问卷分析法中，职位分析问卷最为著名。职位分析问卷由麦科米克（McCormick）创建，共有194个工作因素，其中包括187个工作元素或特征的问题和7个有关工资报酬的问题。该问卷需要由熟悉工作的分析人员来填写，总共包括6个方面：

（1）信息来源，即员工在工作时获取资料的来源及方法。

(2) 智力过程，即如何去推理、决策、计划及处理资料。

(3) 工作产出，即员工该完成哪些体能活动，使用哪些工作器材。

(4) 人际关系，与本身工作有关人员的关系如何。

(5) 工作背景，包括实体性工作与社交性工作。

(6) 其他工作特性，其他有关工作的活动、条件与特征。

职位分析问卷的要素非常多。早期，它一般可以分为两种结构：一种是 A 样式，包括 189 个要素；一种是 B 样式，包括 194 个要素。当前问卷已扩展到 300 多道题目。A 样式的具体内容和维度见表 2-3：

表 2-3 职位分析问卷 A 样式的结构

维度	说明		工作要素
信息来源	任职者使用的信息来源是什么 包含哪些感觉和感性能力	书面材料	
智力过程	包含哪些判断、推理、决策、信息加工等思考过程	编码/译码	
工作产出	任职者明显的体力活动是什么	键盘的使用	
人际关系	人际活动和职务关系是什么	交谈	
工作背景	任职者在什么样的物理条件和社会条件下工作 工作所伴随的社会和心理状况是什么	高温作业	
其他职位特征	其他方面	从事重复性活动	

职位分析问卷部分工作要素示例如表 2-4：

表 2-4 职位分析问卷（部分）

信息输入

1. 资料投入
1.1 工作资料来源
1.1.1 肉眼可及的工作资料来源：
1. _____ 书面资料（书、报告、笔记、短文、工作指令等）。
2. _____ 数量性资料（所有涉及数量或金额的资料，包括图、科目、规格、数字表等）。
3. _____ 图片资料（例如草图、蓝图、地图、照片、电视图片等）。
4. _____ 铸模及有关的工具（模板、型板、铸具等。凡是使用者皆可为资料来源；但不包括上面第 3 项所得到的资料）。
5. _____ 指示器（拨号盘、度规、信号灯、雷达、计速器等）。
6. _____ 测度计（尺、弯脚规等，用来收集实体之测试资料，但并不含第 5 项所示的器具）。
7. _____ 机具（工具、设备、机械及其他在作业时所用的机械性器具）。
8. _____ 在制原料（零件、原料等，凡是可经修饰、加工处理者皆可充为资料之来源）。
9. _____ 非在制原料（未经加工转化或增饰的过程之原料、零件，凡正受检验、处理、包装、配售、选品的原料，亦可充作资料来源之一）。
10. _____ 自然特征（风景、原野、地质、植物、气候等可以观察到的自然征象皆可充为资料来源）。
11. _____ 人为的环境特征（房屋建筑、水坝、公路、桥梁、船坞、铁道及其他人工或刻意改造的户内外设施，但不包含第 7 项所述之设备、机器等）。

在应用职位分析问卷时，工作分析人员要对每个工作要素用6个标准进行衡量，给出主观评分：信息使用度（U）、耗费时间（T）、适用性（A）、对工作的重要程度（I）、发生的可能性（P）、特殊计分（S），且每个等级量表都包括6个级别。例如，对工作重要程度的量表由下列评价点组成：

N（0）＝不使用；1＝很小；2＝低；3＝平均；4＝高；5＝非常高

应用这些评价量表在实际应用职位分析问卷进行工作分析时，每个工作要素都可用它进行评价，如表2-5所示：

表2-5 职位分析问卷（部分）

信息输入
1. 资料投入
1.1 工作资料来源
1.1.1 肉眼可及的工作资料来源：
1. __4__ 书面资料（书、报告、笔记、短文、工作指令等）。
2. __2__ 数量性资料（所有涉及数量或金额的资料，包括图、科目、规格、数字表等）。
3. __1__ 图片资料（例如草图、蓝图、地图、照片、电视图片等）。
4. __1__ 铸模及有关的工具（模板、型板、铸具等。凡是使用者皆可为资料来源；但不包括上面第3项所得到的资料）。
5. __2__ 指示器（拨号盘、度规、信号灯、雷达、计速器等）。
6. __5__ 测度计（尺、弯脚规等，用来收集实体之测试资料，但并不含第5项所示的器具）。
7. __4__ 机具（工具、设备、机械及其他在作业时所用的机械性器具）。
8. __3__ 在制原料（零件、原料等，凡是可经修饰、加工处理者皆可充为资料之来源）。
9. __4__ 非在制原料（未经加工转化或增饰的过程之原料、零件，凡正受检验、处理、包装、配售、选品的原料，亦可充作资料来源之一）。
10. __3__ 自然特征（风景、原野、地质、植物、气候等可以观察到的自然征象皆可充为资料来源）。
11. __2__ 人为的环境特征（房屋建筑、水坝、公路、桥梁、船坞、铁道及其他人工或刻意改造的户内外设施，但不包含第7项所述之设备、机器等）。

2. 职位分析问卷的实施过程

运用职位分析问卷进行工作分析的过程包括准备阶段、调查阶段、分析阶段和完成阶段。

（1）准备阶段。准备阶段的主要工作是成立工作分析小组。小组成员一般由以下三类人员组成：一是企业的高层领导；二是工作分析人员，主要由人力资源管理专业人员和熟悉本部门情况的人员组成；三是外部的专家和顾问，他们具有丰富的经验和专门的技术，可以防止工作分析的过程出现偏差，有利于结果的客观性和科学性。同时，需要由外部的专家和顾问对本企业参加工作分析小组的人员培训工作分析方法、职位分析问卷的内容与操作步骤、收集数据的技巧等。

（2）调查阶段。一般来说，工作分析中需要收集的信息主要有以下几类：① 工作活动，包括承担工作所必须进行的与工作有关的活动和过程；活动的记录；开展工作所运用的程序；个人在工作中的权利和责任等。② 工作中的人的活动，包括人的行为，如身体活动以及工作中的沟通；作业方法中使用的基本动作；

工作对人的要求，如精力的消耗、体力的消耗等。③ 在工作中所使用的机器、工具、设备以及工作辅助用品；与工作有关的有形和无形因素，包括完成工作所要涉及或者要运用的知识，工作中所要加工处理的材料，所生产的产品或提供的服务。④ 工作绩效的信息，如完成工作所耗费的时间、所需要投入的成本以及工作中出现的误差等。⑤ 工作的背景条件，包括个人时间、工作的地点、工作的物理条件。⑥ 工作对人的要求，包括个人特征、所需要的教育与培训水平、工作的经验等。上述工作信息，一般要从以下几条渠道来获得：工作执行者本人、管理监督者、顾客、分析专家、职业名称辞典以及以往的分析资料。

(3) 分析阶段。在这一阶段需要完成整理资料、审查资料、分析资料等工作。在分析的过程中，一般要遵循以下几项基本原则：① 对工作活动是分析而不是罗列。工作分析是反映职位上的工作情况，但不是直接的反映，而要经过一定的加工。② 针对的是职位而不是人。工作分析不关心任职者的情况，只关心职位的情况。③ 分析要以当前的工作为依据。工作分析不能把自己或别人对这一职位的工作设想加到分析中去。

(4) 完成阶段。这一阶段的任务是：编写工作说明书；对整个工作分析构成进行总结；将工作分析过程的结果运用于人力资源管理以及企业管理的相关方面，真正发挥工作分析的作用。

3. 职位分析问卷的优缺点

优点：① 同时考虑员工与工作两个变量因素，并以一种标准化的方式罗列出来，从而为人事调查、薪酬标准制定等提供了一种标准化的工具。② 大多数工作皆可由6个基本尺度加以描绘，因此职位分析问卷可将工作划分不同的等级。③ 由于职位分析问卷可得到每一类或每一族工作的技能数值与等级，因此它还可以用来进行工作评估与人员选拔，为员工的任用提供决策依据。④ 职位分析问卷无须修改就可用于不同的组织、不同的工作，使得各组织间的工作分析比较更加容易，这种比较使得工作分析更加准确与合理。

缺点：① 题量非常大，所以耗费时间长。② 对问卷填写人员要求比较高，一般需由受到过专业训练的工作分析人员来填写。③ 对工作活动的描述过于抽象，对具体工作的安排缺乏指导意义。严格的标准化和通用化的特点，使它不适用实际工作中特定的、具体的任务活动。④ 不适用于工作描述和再设计，所以对工作绩效的改善意义不大。尽管如此，职位分析问卷仍是劳动心理学领域中使用最广泛、最受欢迎的职位分析问卷之一。

(二) 工作要素法 (JEM)

工作要素法是一种典型的开放式的人员导向型工作分析系统，由美国人事管理事务处研究并开发出来。工作要素法的主要目的是确定对成功完成特定领域的工作有显著作用的行为以及此行为的依据。通常情况下，工作要素法的分析对象不是某一具体的工作岗位，而是某一类具有相似特征的工作。对工作要素进行分析的人员通常是主题专家小组，由专家级任职者或者任职者的上级组成。

1. 工作要素法简介

通常，工作要素法所涉及的工作要素包括如下几类：

（1）知识：专业知识、外语水平等；

（2）技能：计算机运用水平、驾驶技术等；

（3）能力：口头表达能力、判断能力、管理能力等；

（4）工作习惯：对工作的热爱程度、承担超负荷工作的意愿、工作时间规律性等；

（5）个性特点：自信、主动、独立、外向等。

这里需要说明的是，只是那些对完成所研究工作有重要影响作用的要素才能被列入考虑范畴，而不是所有与工作相关的要素都要加以考虑，这也是工作要素法与职位分析问卷法的区别之处。

2. 工作要素法的实施步骤

（1）收集工作要素。由主题专家小组成员采用头脑风暴法，列举出对目标工作的实现有显著影响作用的要素，并对这些工作要素进行反复推敲。工作要素应该根据完成目标工作所需的知识、技术、能力、个性特征来提出，每个被提到的要素都应和这个工作相联系。在实际应用中，可以借鉴职位分析问卷的 6 个标准进行思考，以求达到工作要素的全面和准确收集。

（2）对工作要素进行整理。对主题专家小组成员们收集来的工作要素资料进行归类和筛选。在实际的操作过程中，可以采用类属分析的方法，将具有相同或相近的工作要素整合在一起，为每一个类别赋予相应的名称，并根据该类别所包含的工作要素的内容和特点对该类别进行明确的界定和解释。在本阶段结束时，工作分析人员将得到一个工作分析要素类属清单。

（3）划分工作分析维度。在对工作要素资料进行了初步的归类和筛选之后，可以采用焦点小组的方法对工作分析的维度与子维度进行最终划分。焦点小组的每个成员根据自己的标准，对工作要素类属清单中的要素进行评估。在这个过程中，焦点小组成员所要评估的工作要素是已经被打乱的，同时也不区分维度和子维度的一个个独立要素。小组成员独立地对这些要素进行评估后，再一起运用焦点小组讨论的方法，将各要素分别归类到不同的工作分析维度之下，从而最终得到目标工作的工作分析维度和子维度。在对工作要素进行评估时，主要从四个方面考虑：① 勉强合格的员工具备该要素的程度（B：Barely acceptable workers）。② 该要素在挑选优秀员工过程中的重要性（S：To pick out superior worker）。

③ 忽略该要素所引起的问题或麻烦出现的可能性（T：Trouble likely if not considered）。④ 该要素的实际可行性（P：Practical to expect in the applicants）。

（4）确定最终工作要素，并做相应的解释和界定。

3. 工作要素法的优缺点

优点：① 开放性程度高，可以根据特定工作提取个性化的工作要素，并能够比较准确、全面地提取影响某类工作的绩效水平的工作要素。② 工作要素法的操作方法和数值的标准转化过程具有一定的客观性。③ 工作要素法在人员招聘过程中的人员甄选以及确定培训需求方面具有很高的应用价值。工作要素法分析结果中的选拔性最低要求要素为人员甄选提供了可靠的依据，同时得出的培训要素也为企业确定员工培训需求找到了重要的来源。

缺点：① 工作要素的确定依赖于工作分析人员的总结。工作分析人员对工作的主观看法会较多，所需时间和人力较多。② 信息评分过程复杂，需要工作要素法分析专家强有力的指导与控制。信息收集与整理过程中会出现很多不确定的因素，使其特别依赖于焦点小组成员的共同讨论和工作要素法专家的指导与过程控制。③ 焦点小组成员进行工作要素评价时，容易倾向于肯定回答。焦点小组成员所进行的工作要素评价只是一种主观判断，并没有客观标准做基础。所得出的分析结果如果数量太多，难以突出重点，将降低工作分析结果的可操作性和最终效果。

（三）管理人员职位描述问卷（MPDQ）

1. 管理人员职位描述问卷简介

管理人员职位描述问卷是专门针对管理人员而设计的工作分析系统，是所有工作分析系统中最具有针对性的工作分析方法。它设计的原则是：① 力求能明确量化不同管理岗位工作内容的差别；② 力求能评价不同管理职位的价值和等级；③ 力求能有效分析和评价各种环境下的管理职位，包括不同地理环境中的管理职位；④ 力求提供准确、全面的工作信息，以便于高效履行企业人力资源管理的各项职能。管理人员职位描述问卷产生于 1974 年，主要用来对数据控制公司的管理职位进行描述、比较和评价。到 1984 年，经过 10 年近 7 500 位管理人员的使用，管理人员职位描述问卷逐渐成熟，形成了最终的版本。管理人员职位描述问卷的特点有：题目有区分度，能体现不同管理职位的等级差异；容易区分哪些是工作评价要素，哪些是绩效评估要素，哪些是工作描述要素，哪些用于描述知识、技能和能力等，即能评价不同管理职位的价值和等级；能从多方面对管理工作进行全面的分析，即力求能有效分析和评价各种环境下的管理职位；形成一种易于被职务承担者理解和完成的问卷模式；力求提供准确、全面的工作信息，有助于准确评价管理中的工作内容，以便高效履行企业人力资源管理的各项职能。

管理人员职位描述问卷能够提供关于管理职位的多种信息：工作行为、工作联系、工作范围、决策过程、素质要求及上下级之间的汇报关系等，如表2-6。

表2-6　MPDQ职能等级表

因素	主要内容
1. 一般信息（General Information）	这部分收集的主要是被分析人员和职位的一般信息，如职务承担者的姓名、头衔和该工作的职能范围。同时还收集该职位的人力资源管理职责、财务职责以及其他主要职责的信息，包括管理人员下属的数量和类型、管理人员每年能支配的财政预算等。
2. 决策（Decision Making）	这部分包括两个要素：决策背景与决策活动。决策背景描述与决策相关的背景及背景因素，反映决策的复杂程度，可以为职位评价提供依据。决策活动反映整个决策过程中涉及的重要行为，可为工作描述和职位评价提供信息。
3. 计划与组织（Planning and Organizing）	这部分描述企业长期和短期计划的制订及执行情况。
4. 行政（Administering）	这部分对管理者的文件处理、写作、记录、公文管理、监控规章制度和政策的执行、获取和传递信息等活动进行分析和评估。
5. 控制（Controlling）	这部分包括跟踪、控制和分析项目运作、财务预算、产品生产和其他业务活动，包括人力、财力、物力的控制和调整。
6. 监督（Supervising）	这部分描述的是与监督、指导下属相关的活动和行为。
7. 咨询与创新（Consulting and Innovating）	这部分包括属于技术性专家的行为，如律师、研发人员、工业心理学家的行为，为决策者提供技术关键信息和咨询，开发新产品和开拓新市场，密切关注技术前沿动态。
8. 联系（Contacting）	这部分包括两个矩阵：内部联系矩阵和外部联系矩阵；收集的信息包括联系对象和联系目的。
9. 协作（Coordinating）	这部分包括当工作存在内部联系时的行为，这种合作行为多存在于矩阵式组织和以团队作业为主的组织，如与其他团队合作实现组织目标，在不能实施直接控制的情况下团结他人、整合力量，协商组织资源的使用等。
10. 表现力（Representing）	这部分描述的行为通常发生在营销活动、谈判活动和广告宣传活动之中，如与客户、供应商、政府和社区代表、股东、求职者沟通交流以促销组织的产品和服务，谈判并签订合同等。
11. 监控业务指标（Monitoring Business Indicators）	这部分包括监控利润、销售额等财务指标和市场指标的行为，多为高级经理人的职责。
12. 综合评价（Overall Ratings）	这部分根据以上各部分将管理活动分为10种职能，要求问卷填写者估计这10种职能分别占整个工作时间的比例以及它们的相对重要程度。
13. 知识、技能与能力（Knowledge Skills and Abilities）	这部分要求问卷填写者判断高效完成工作所需要的知识、技能和能力的熟练程度，包括对31种素质的评定。要求填写者回答是否希望接受培训，如果希望接受，愿意接受哪一方面的培训。
14. 组织结构图（Organization Chart）	这部分提供一般性的组织结构图，让问卷填写者填写他们的下属、同级、直接上级和上级的职位。这部分信息有助于薪酬专家快速确定某职务承担者在组织中的位置。

续表

因素	主要内容
15. 评论与反应（Comments and Reactions）	这是问卷的最后一部分，要求填写者填写对问卷的看法。首先要回答的问题是估计自己的工作中有多大比例的内容被本问卷涵盖；其次，问卷设计5个问题，让问卷填写者评定问卷总体、问卷题目以及问卷模式的质量和使用的难易程度等；再次，问卷填写者还要回答完成问卷所花费的时间；最后，问卷填写者需要回答是否存在问卷没有涉及的主要活动，如果有，需要说明是什么活动。

2. 管理人员职位描述问卷模块

管理人员职位描述问卷主要包括三个功能板块：信息输入板块、信息分析板块、信息输出板块。信息输入板块，即管理职位分析问卷的主体部分，包括15个部分、274项工作行为，它由管理职位任职者填写，主要用于收集该职位的相关信息。信息分析板块，是指根据人力资源管理各功能板块要求开发设计三种主要管理工作评价维度，通过这些维度对收集的信息进行评价。信息输出板块，是指管理职位分析问卷的信息运用部分，在相关统计分析的基础上，生成8种运用于不同人力资源功能板块的信息分析报告。

（1）信息输入板块，具体见表2-7。

表 2-7 MPDQ 的内容及题目数量

内容	题目数量	
	描述工作行为的题目数/个	其他内容的题目数/个
1. 一般信息	0	16
2. 决策	22	5
3. 计划与组织	27	0
4. 行政	21	0
5. 控制	17	0
6. 监督	24	0
7. 咨询与创新	20	0
8. 联系	16	0
9. 协作	18	0
10. 表现力	21	0
11. 监控业务指标	19	0
12. 综合评价	10	0
13. 知识技能与能力	0	31
14. 组织结构图	0	0
15. 评论与反应	0	7
总计	215	59

（2）信息分析板块。① 管理工作要素。管理工作要素是一组描述工作内容的因素，根据不同职位工作内容的相同点和不同点，区分管理工作因素可以使工作描述更容易。包括决策、计划与组织、行政、控制、咨询与创新、协作、表现力、监控商业指标。② 管理绩效要素。管理绩效要素是指为了评价管理工作的绩效而选取的工作要素，也就是说，从这些要素对管理工作的绩效进行评价有助于发展和提高管理业绩。能够作为管理绩效要素的要素必须可以区分管理绩效优秀者和绩效平平者。包括工作管理、商业计划、解决问题/制定决策、沟通、客户/公众关系、人力资源开发、人力资源管理、组织支持、专业知识。③ 工作评价要素。工作评价要素是用来评价管理者工作相对价值的维度，即用来衡量某一管理工作（职位）相对其他工作（职位）而言对组织的贡献度有多大。包括制定决策、解决问题的能力、组织影响力、人力资源管理职能及知识、经验和技能等。

（3）信息输出板块。人力资源管理决策需要相应的信息支持，而管理人员职位描述问卷作为一种比较成熟的管理人员工作分析工具，有助于工作信息的收集。利用管理人员职位描述问卷对工作进行分析，最终可以形成8份工作报告，包括管理职位描述报告、管理工作描述报告、个体职位价值报告、团体工作价值报告、个体职位任职资格报告、团体工作任职资格报告、团体比较报告、与职位对应的绩效评价表。

3. 管理人员职位描述问卷的优缺点

优点：① 适用于不同组织内管理层级以上职位的分析，具有很强的针对性。② 为培养管理人才指明了培训方向，也为正确评估管理工作提供了依据。③ 为管理工作的分类和确定管理职业发展路径提供了依据。④ 为管理人员的薪酬设计、选拔程序以及提炼绩效考核指标奠定了基础。

缺点：① 由于管理工作的复杂性，该问卷难以深入分析所有类型的管理工作。② 成本较高，投入较大。

第三节　工作分析方法的新发展

一、O*NET 工作分析系统

O*NET（Occupational Information Network，职业信息网络）是由美国劳工部组织开发的工作分析系统，它的前身是美国劳工部组织开发的职业名称词典（Dictionary of Occupational Titles，DOT）。直接登录网站 https：//www.onetonline.org/即可使用 O*NET。

（一）O*NET 工作分析系统的要素

O*NET 内容模型围绕六个系列的要素建立，包括任职要求、经验要求、工作特性、职业要求、职业特定要求、职业特性。其中前三个要素都是工作分析的工作者层面，后三个要素强调的是工作分析的工作层面。

1. 任职要求

任职要求旨在描述与工作相关的个人特征。① 基本能力和综合能力，帮助员工获得具体的职位知识，也包括从事多种活动的能力，如说服技能在销售和管理活动中都有用。② 知识，是与一个领域或专业相关的信息，如艺术或音乐。③ 教育，指普通教育而不是专门的职业教育。在某种意义上，教育代表了基本能力和综合能力的集合。

2. 经验要求

经验要求包括专门的职业培训、工作经验以及各类职业资格证书。经验要求与前面的教育要素区别在于，教育所指的是普通的人力资本开发活动，得到的是可应用于广泛的工作需要的能力，而培训和经验通常应用于特定的职位和工作职责。

3. 工作特性

这一系列要素关注那些成功完成工作所需的具有持久性的个人特征。① 能力。持久性的能力特征，相对于基本能力和知识而言，较少受到经验发展的影响。② 职业价值观和兴趣。关注的不是一个人是否能够从事某个工作，而是是否愿意做这项工作。③ 工作风格。工作风格和职业价值观有一定的重叠，区分两者的最简单方法是，职业价值观与兴趣考虑的是与个人满意度相关的工作来源，而工作风格是工作中最常出现的行为表现。

4. 职业要求

职业要求要素包括：① 一般性行为特征，从宽泛层面上描述工作职责，便于这些工作职责得以应用于多个职业中，如用电脑交流。② 工作情景，关注工作必须在怎样的条件下完成。③ 组织情景，它的基本思想是组织的许多特征会影响工作完成的方式。

5. 职业特定要求

职业特定要求关注职业的工作方面，并且都是在一般性行为特征下面的细分要素。

6. 职业特征

这一系列要素还未直接加入 O*NET 中。现在，O*NET 通过链接到其他包含此类信息的数据库来实现这方面的功能。

（二）O*NET 工作分析系统示例

一项基于 O*NET 工作分析的工作说明书如表 2-8。

表 2-8　基于 O*NET 的人力资源经理工作说明书

职务名称	人力资源经理	职务编号	HRM-01-01	职位人数	1
所属部门	人力资源部	直接上级	总经理	编制日期	2023.5.31
职业晋升岗位	人力资源总监		直接下级	招聘、培训、绩效、薪酬主管	
工作概要					
为有效满足公司各部门的人力资源管理需求，根据公司发展战略和本部门的管理目标，组织制订和实施本部门人力资源管理计划，为实现公司的发展战略提供人力资源支持。					
岗位职责					
1. 制定公司有关人力资源管理制度，经批准后组织实施并进行监督。 2. 根据公司年度经营计划，组织开展部门的计划管理，制订部门及各岗的业绩目标、工作计划，经总经理审定后组织实施并监督。 3. 组织公司人力资源规划工作，参与公司重大人事决策。 4. 组织开展公司员工招聘、配置工作。 5. 组织开展公司培训工作。 6. 组织开展公司的薪酬、福利管理工作。 7. 组织开展公司的绩效管理工作。 8. 组织开展公司的员工管理及人事工作。 9. 领导开展本部门内部的日常管理与团队建设工作。					
工作任务					
1. 通过处理问题、解释和管理合同以及帮助解决与工作相关的问题，充当管理层和员工之间的联系桥梁。 2. 就组织政策事项向管理者提供建议，并建议必要的改变。 3. 分析和修改薪酬和福利政策，以制订竞争计划，确保符合法律要求。 4. 执行困难的人员配置职责，包括处理人员不足、裁判纠纷、解雇员工和管理纪律程序。 5. 代表组织参加与人员有关的听证会和调查。 6. 签订谈判协议并帮助解释劳动合同。 7. 确定员工空缺并招聘、面试和选择申请人。 8. 计划、指导、监督和协调下属和员工与雇佣、薪酬、劳动关系、员工关系有关的工作活动。 9. 根据项目就业需求编制人员预测。 10. 向当前和未来的员工提供有关政策、工作职责、工作条件、工资、晋升机会和员工福利方面的信息。 11. 调查和报告保险公司的工伤事故。 12. 管理薪酬、福利和绩效管理系统以及安全和娱乐项目。 13. 分析统计数据和报告，找出和确定人员问题的原因，并为改进组织的人员政策和实践提出建议。 14. 计划、组织、指导、控制或协调组织的人员、培训或劳资关系活动。 15. 分配人力资源，确保人员之间的匹配。 16. 监督职业和工作岗位的评估、分类和评级。 17. 计划并实施新员工培训，以培养对组织目标的积极态度。 18. 分析培训需求，设计员工发展、语言培训和健康与安全计划。 19. 研究立法、仲裁决定和集体谈判合同，以评估行业趋势。 20. 维护记录并编制与人事相关的数据统计报告，如雇佣、调动、绩效评估和缺勤率。 21. 编制和跟踪人事预算。 22. 进行离职面谈，确定员工离职的原因。 23. 开发、管理和评估申请人考试。 24. 开发或管理薪酬、储蓄债券计划和员工奖励等领域的特殊项目。					

续表

考核标准	
绩效指标	考核方式
部门绩效管理	各岗位 KPI 达成率，≥85%
制度建设完善性	按规划考核，100%
重要任务完成情况	按规划考核，直接上级评价
人员供应满足需求	招聘计划达成率
招聘效果	招聘工作满意度
考核、薪酬工作差错率	≤5 次/年
常规员工流失率	≤10%
预算控制情况	±10%
下属行为管理	直接上级评价
关键人员流失率	≤10%
部门合作满意度	周边服务满意度调查
团队建设完成率	按规划考核，100%
员工满意度	≥82 分，年底（员工满意度调查）

工作协作关系		
外部联系	培训机构	
	咨询机构	
	劳动局、社保局	
内部联系	各部门人员	

任职资格		
项目	必备要求	期望要求
学历要求	本科	本科以上
专业要求	管理相关专业	人力资源、工商管理专业
年龄性别	30—35 岁，性别不限	30—35 岁，性别不限
工作经验	从事相关工作五年以上的工作经验	从事人力资源管理工作三年以上的工作经验
专业资格证书	人力资源管理师（二级）	高级人力资源管理师（一级）
技能要求	1. 会计软件 2. 分析或科学软件：IBM SPSS 统计技术 3. 商业智能和数据分析软件：Oracle 商业智能企业版技术 4. 图表软件：AASoftTech Web 组织结构图 5. 基于计算机的培训软件：培训软件 6. 数据库报告软件：SAP Business Objects Crystal Reports 7. 文档管理软件：Atlas Business Solutions；Microsoft Office；PDF 阅读器 8. 企业资源规划 ERP 软件技术；SAP 技术 9. Office 套件软件：Corel WordPerfect；Microsoft Office Hot Technology	

续表

知识要求	1. 人事和人力资源：有关人员招聘、选拔、培训、薪酬和福利、劳资关系和谈判的原则与程序以及人事信息系统的知识。 2. 行政和管理：对企业和管理原则的了解，包括战略规划、资源分配、人力资源建模、领导技巧、生产方法和人力资源协调。 3. 英语。 4. 法律和政府：了解法律法规、法院程序、判例、政府法规和行政命令 5. 教育和培训：课程和培训设计的原则与方法知识，个人和团体的教学与指导，以及培训效果的测量。 6. 客户与个人服务：提供客户与个人服务的原则和过程的知识，包括客户需求评估、满足服务质量标准和客户满意度评估。 7. 心理学：人类行为和表现的知识；能力、个性和兴趣的个体差异；学习和动机；心理学研究方法；行为和情感障碍的评估与治疗。
能力要求	1. 人力资源的管理：激励、发展和指导员工工作，为工作确定最佳人选。 2. 口头沟通：与他人交谈以有效地传达信息。 3. 判断和决策：考虑潜在行动的相对成本和收益，选择最合适的行动。 4. 协调：调整与他人行为相关的行为。 5. 社会洞察力：意识到他人的反应，并理解他们为什么会这样做。 6. 书面表达：以书面形式进行有效的沟通。 7. 主动学习：了解新信息对当前和未来问题解决与决策的影响。 8. 批判性思维：使用逻辑和推理来确定替代解决方案、结论或解决问题的方法的优缺点。 9. 系统评估：确定系统性能的度量或指标，以及与系统目标相关的改进或纠正性能所需的行动。 10. 监控：监控/评估自己、其他个人或组织的绩效，以做出改进或采取纠正措施。 11. 系统分析：确定系统应如何工作，以及条件、操作和环境的变化将如何影响结果。 12. 时间管理：管理自己的时间和他人的时间。 13. 服务导向：积极寻求帮助他人的方法。 14. 学习策略：在学习或教学新事物时，选择和使用适合情况的培训/教学方法和程序。
其他	
工作环境	办公室
工作时间	正常工作时间，加班另计
危险性	无危险
使用设备	计算机、打印机、复印机等一般办公设备

二、MAP 工作分析系统

MAP（The Multiphase Analysis of Performance）是一种基于团队培训内容而设计的团队工作分析方法。

（一）MAP 工作分析系统的要素

MAP 工作分析系统具有 4 个模块，即描述因素、信息源、数据收集方法和分析单位。具体见表 2-9。

表 2-9　MAP 工作分析系统模块

描述因素（D）	数据收集方法（C）
1. 组织哲学和结构	1. 观察
2. 许可证和其他政府制度要求	2. 个体访谈
3. 责任	3. 小组访谈
4. 职业标准	4. 技术性会议
5. 工作环境	5. 问卷
6. 产品和服务	6. 日志
7. 机器、工具、辅助设备和器材	7. 基于设备的方法
8. 工作绩效指标	8. 记录回顾
9. 个人工作要求	9. 文献回顾
10. 基本动作	10. 研究设备设计说明
11. 工作者活动	11. 参与工作
12. 工作活动	
13. 工作者特征要求	
14. 未来变化	
15. 关键事件	
数据源（S）	分析单位（A）
1. 工作分析者	1. 职责
2. 任职者上级	2. 任务
3. 高级执行官	3. 活动
4. 任职者	4. 基本动作
5. 技术专家	5. 工作维度
6. 组织层培训专家	6. 工作者特征要求
7. 客户	7. 适用于工作单位的量表
8. 其他组织单位	8. 适用于工作者特征要求的量表
9. 书写文件	9. 定量的和定性的

（二）MAP 工作分析系统的实施步骤

MAP 工作分析系统的运作具有 4 个模块或者可以说是 4 个步骤。描述因素主要是确定团队的使命和目标以及团队的其他重要因素；在此基础上，通过个体访谈、小组访谈、技术性会议等方式向任职者、任职者上级、专家等收集团队相关信息，制定团队任务清单以及团队 KSAOs；最后，通过单位分析，评级团队任务清单和 KSAOs 的有效性和准确性。

总体而言，MAP 系统实现了三个转变：职位分析转向角色分析、角色内分析转向角色间分析、个人任职资格分析转向团队素质结构分析。

第四节　工作分析的结果应用

一、工作说明书

工作分析的结果就是工作说明书，它是对工作的目的、职责、任务、权限、任职者基本条件等的书面描述。在工作说明书的形成阶段，工作分析人员与其他部门人员的配合很重要。工作分析人员应该注意以下几个方面：① 工作分析人员应对事不对人。② 工作分析应尽量全面准确地掌握资料，避免主观武断。③ 根据经过分析处理的信息草拟职位描述书与任职说明书，并与实际工作进行对比。④ 根据对比的结果决定是否需要进行再次调查研究。⑤ 修正职位描述书与任职说明书。⑥ 若需要，可重复②—④的工作。⑦ 形成最终的职位描述书与任职说明书。⑧ 将职位描述书与任职说明书应用于实际工作中，并注意收集应用的反馈信息，不断完善职位描述书与任职说明书。⑨ 对工作分析本身进行总结评估。注意将职位描述书与任职说明书归档保存，为今后的工作分析提供经验与信息。

二、工作说明书的构成

工作说明书包括职位描述，它是一份关于工作及其所包含的任务种类的书面描述。它以"工作"为中心对职位进行全面系统深入的说明，为职位评价、职位分类以及企业人力资源管理提供依据。它说明的是任职者应做些什么、如何去做和在什么样的条件下履行其职责，如图 2-1 所示。

图 2-1　工作说明书的构成

工作说明书还包括工作规范，又称职位规范或任职者资格，是指任职者要胜任该项工作必须具备的资格与条件。它说明一项工作对任职者在教育程度、工作经验、知识、技能、体能和个性特征方面的最低要求，而不是最理想的任职者的形象。一般情况下，工作规范是依据管理人员的经验判断而编写的。当然也可以使用比较精确的统计分析法来做。工作规范常常是工作说明的重要组成部分。一份工作规范的内容包括以下内容：

（一）知识要求

（1）学历要求，根据本职位的知识含量，确定职位的最低学历要求。

（2）专门知识，胜任本职位工作要求具备的专业理论知识与实际工作经验。

（3）政策法规知识，即具备的政策、法律、规章或条例方面的知识。

（4）管理知识，应具有的管理科学知识或业务管理知识。

（5）外语水平，因专业、技术或业务的工作需要，对一种或两种外语应掌握的程度。

（6）相关知识，本职位主体专业知识以外的其他知识。

（二）能力要求

（1）理解判断能力，对有关方针、政策、文件指令、科学理论、目标任务的认识与领会程度，对本职工作中各种抽象或具体问题的分析、综合与判断能力。

（2）组织协调能力，组织本部门开展工作以及与有关部门人员协同工作的能力。

（3）决策能力，从整体出发，对方向性、全局性的重大问题进行决断的能力。

（4）开拓能力，对某一学科、业务或工作领域进行研究开发、创新、改革的能力。

（5）社会活动能力，为开展工作在社会交往人际关系方面应具有的活动能力。

（6）语言文字能力，包括言语理解与词语表达两个方面。

（7）业务实施能力，在执行任务时，处理工作业务、解决实际问题的能力。

（三）体能素质

（1）身体素质，从事体力和脑力劳动所需要的能力，包括身高、体型、力量、耐力等。

（2）心理素质，包括视觉、听觉等各种感、知觉能力，如辨别颜色、明暗、距离、大小细节的能力。

（四）工作经验

指胜任职位工作必需的经历。一般指从事该工作应具有的工作年限，从事低一级职位的经历，以及从事过与之相关的职位工作经历。对工作经历的分析，一般采用定量分析法。

（五）职业道德

从职人员除了必须遵纪守法和具有一般公德外，还要对职业所需要的职业品德（或职业伦理）有所要求。通过职业道德水平的分析，管理者应具备诚信、公正、敬业、规范、尊重与自尊等品质。

三、工作说明书的编写

工作说明书是从"工作（事）"和"人"两方面来考虑人力资源管理工作的，因此工作说明书的编制必须遵循以下几条准则：

逻辑性，即按照一定的逻辑顺序来组织工作职责。较常见的次序是按照各职位的重要程度和所花费任职者的时间多少进行排列，将最重要的职责、花费任职者较多时间的职责放在前面。

准确性，即工作说明书应该清楚说明职位的工作情况，描述要准确，语言要精练，一岗一书，不能雷同，不应"千岗一面""一岗概全"。

实用性，任务明确好上岗，职责明确易考核，资格明确好培训，层次清楚能评价。与此同时，还应该表明各项职责所出现的频率。

完整性，指在编写工作说明书的程序上要保证其全面性。工作说明书的编写一般由现职人员自我描述，主管领导审定，专家撰写主要职位，人力资源部及其他部门工作人员协助完成其他工作描述。

统一性，指文件格式统一，可参照典型工作说明书编写样本。

一份简单的工作说明书如表 2-10 所示：

表 2-10 工作说明书示例

工作名称：信息部主任	直接上级：情报系统经理	工资等级：12 级
定员：1 人	所辖人员：12 人	工资水平：148 000—207 000 元/年
分析日期：2022.12	分析人：人力资源部张宏宝	批准人：人力资源部经理刘冬
工作概要：指导控制信息处理、设备维修、保养和履行所分配的具体任务和职责		
工作职责： 1. 基本活动：（1）独立上机操作 　　　　　　（2）定期向上汇报 　　　　　　（3）听取信息使用者的意见 2. 选择、培训、发展人员：（1）挑选信息处理人员 　　　　　　　　　　　　（2）发展合作精神、增前相互了解 　　　　　　　　　　　　（3）保证下属得到必要的培训 　　　　　　　　　　　　（4）指导下属工作 3. 计划、指导和控制：（1）向下属分配任务 　　　　　　　　　　（2）详细检查下属的工作 　　　　　　　　　　（3）指导和解决问题 4. 分析业务、预测发展 5. 制订部门发展计划		

续表

因素		细分因素	等级	固定资料
资格要求	知识	教育	5	具备硬件、软件方面的知识 四年制本科毕业证书
		经验	6	5年以上信息处理和编程的实际经验
		技能	7	必须在信息处理方法、系统设备方面有很高的技能，并有处理人际关系的能力
	解决问题的能力	分析	5	具备分析评价技术理论方面和人事管理方面的能力
		指导	4	根据下属业务能力状况，把复杂的任务转化为可理解的指令和程序
		通信	6	具备较强的沟通能力，能使用简练的语言或术语交流技术和思想。维护本部门和其他部门以及硬件销售单位所建立的联系
	决策能力	人际关系	5	能经常运用正式或非正式的方法指导、辅导、劝说和培养下属
		管理方面	4	接受一般监督，在复杂的环境中指导下属履行信息处理系统的技术职能
		财务方面	4	有5万元以下的财产处理权利和15万元以下的现金处理权利，并在此限定下参与计划和控制

负有责任：
成功完成所分配的任务，促进信息使用者的理解，提高工作效率

四、工作说明书的作用

工作说明书是整个人力资源管理和组织管理的基础性文件，其作用有以下几个方面：

（一）为人力资源规划提供基础信息

人力资源规划的核心过程就是对现有工作进行一次盘点。目前所掌握的工作描述为组织进行内部岗位的盘点提供了基础、必要并且细致的信息，包括为什么组织需要这类岗位、工作岗位的内部汇报关系、目前岗位的数目以及岗位是否空缺等。工作分析所提供的信息同时也被认为是进行生产力分析和组织重组的一个重要考虑因素。

（二）为人员招聘和录用提供数量及质量标准

挑选合适员工分配至相应的岗位，必须知道此类岗位所需要员工的知识、经验、技能等究竟应该达到何种水平。工作分析为组织进行工作描述提供了基础，以便组织了解怎样以及在哪些地方可以获得合适的员工来填补职位空缺，可以从内部晋升，也可以从外部招聘。要注意的是，内部进行晋升或是职务轮换也需要根据工作分析提供的信息对员工进行判断并做出相应的决策。

（三）为薪酬福利制定提供价值参考

工作分析在薪酬决策过程中是非常有用的，承担高难度工作的员工理应获得更高的薪酬福利。因此，组织可以从工作分析上看到哪些工作需要员工承担更多的任务、更多的责任，对于这些员工组织就需要给予更高的工资。

（四）为培训和开发提供指向

工作分析对该工作包含哪些内容进行了定义，这样当主管在向新员工介绍工作时就更容易了。此外，工作描述中所反映的信息可以帮助主管了解未来该工作可能会发生哪些变化，这样他们就可以根据这种预见来安排培训，以便让员工为未来职业发展做好准备。

（五）为绩效评估提供指标信息

把主管所期望员工达成的目标和员工实际达成的目标进行比较就可以看出员工的绩效水平和实际能力。很多组织都遵循按业绩支付工资的原则，这意味着工资反映的是该员工工作质量的好坏，而非其职位的高低。为了实施这种管理思路，以业绩为基础来进行比较是非常必要的。业绩标准给员工一个清晰的概念，就是在自己所从事的这一领域的工作范围内，自己所能获得的是什么。

本章案例

一个机床操作工把大量的机油洒在他机床周围的地面上。车间主任叫操作工把洒掉的机油清扫干净，操作工拒绝执行，理由是工作说明书里并没有包括清扫的条文。车间主任顾不上去查工作说明书上的原文，就找来一名服务工来做清扫。但服务工同样拒绝，他的理由是工作说明书里也没有包括这一类工作。车间主任威胁说要把他解雇，因为这种服务工是分配到车间来做杂务的临时工。服务工勉强同意，但是干完之后立即向公司投诉。

有关人员收到投诉后，审阅了三类人员的工作说明书：机床操作工、服务工和勤杂工。机床操作工的工作说明书规定：操作工有责任保持机床的清洁，使之处于可操作状态，但并未提及清扫地面。服务工的工作说明书规定：服务工有责任以各种方式协助操作工，如领取原材料和工具，随叫随到，即时服务，但也没有明确写明包括清扫工作。勤杂工的工作说明书中确实包含了各种形式的清扫，但是他的工作时间是从正常工人下班后开始的。

问题：

1. 对于服务工的投诉，你认为该如何解决？有何建议？
2. 如何防止类似意见分歧的事情重复发生？
3. 你认为该公司在管理上有何需要改进之处？

第三章 公司战略与绩效管理

有两位在同一产业相互竞争的公司经理一起去野营,以商讨两公司合并的可能性。当他们共同走入密林深处时,突然遇到一只灰熊。灰熊直立起身子向他们吼叫。一位经理立即从背包中取出一双运动鞋,另一位经理忙说:"喂,你不要指望跑得过熊。"那位经理回答道:"我可能跑不过那只熊,但肯定能跑得过你。"这个小故事生动揭示了战略管理活动的意义所在。

该故事首先表明战略管理包含了企业对环境的反应(来了一只灰熊,由此而产生的反应);其次表明战略管理包含了一系列重要的决策(是坐以待毙还是赶快离开,或是与灰熊搏斗);再次表明战略管理包含了行动(穿上运动鞋);最后表明战略管理是为了达到一定的目的(比竞争对手跑得更快)。

第一节 战略的概念与特征

一、战略的起源

"战略"(Strategy)一词,最早来源于军事,是指对战争全局的筹划和谋略。在中国,"战略"一词历史悠久,古称"韬略","战"意为战争,"略"意为谋略。《孙子兵法》被认为是中国最早的战略著作。现今,"战略"一词被引申至政治、经济领域,其含义也演变为泛指统领性的、全局性的、左右胜败的谋略、方案和对策。

20世纪30年代以前,企业管理主要是以提高企业内部生产效率为核心的生产管理。1938年美国经济学家切斯特·巴纳德在其《经理人员的职能》一书中首次使用了"战略"这一概念。第二次世界大战以后至70年代的这一时期,世界经济迅速发展。发达国家的企业几乎都面临着国内市场国际化、国际市场一体化的空前激烈的竞争局面。当时美国每年新生的40万家企业在一年之内倒闭的占1/3,余下的2/3企业又在五年内陆续消亡,极少有企业可以长期存活。由此,企业战略管理应运而生。进入80年代，世界经济格局进一步发生变化。西欧、日本与美国展开了激烈的市场争夺，发展中国家经济实力日益增强。在此背景下，企业战略管理的研究又出现了新内容，主要表现为：强调战略思考和创新的重要性；系统研究方法与经济分析相结合；提倡企业战略管理与企业文化相结合。

二、战略的定义

管理学界和企业界对战略有多种定义，反映了战略的不同内涵。1962年，美国学者钱德勒（Chandler）在其《战略与结构》一书中，将战略定义为：确定企业基本长期目标、选择行动途径和为实现这些目标进行资源分配。亨利·明兹伯格（Herry Minzberg）用5P来定义和解读战略。计划（Plan）：企业发展应当谋事在先，行事在后；计策（Ploy）：企业发展应当精心策划，讲究策略；模式（Pattern）：战略必须形成一定的行动；定位（Position）：企业应适应外部环境，准确定位；观念（Perspective）：发展过程中强调集体意识，要求企业成员形成统一观念、一致行动。这是关于企业战略比较全面的看法，即著名的5P模型。迈克尔·波特（Michael Portor）认为战略是公司为之奋斗的一些终点与公司为达到它们而寻求的途径的结合物。它是组织为了实现长期的生存和发展，在综合分析组织内部条件和外部环境的基础上做出的一系列带有全局性和长远性的谋划。企业根据环境变化，依据自身资源和实力选择合适的经营领域和产品，形成自己的核心竞争力，并通过差异化在竞争中取胜。我们认为，战略是公司在其所处的经营环境中利用其资源和能力以实现其目标的方式。

三、战略的特征

战略具有全局性、长远性、对抗性等特征。全局性是指战略涉及公司整个未来的发展，而不是具体的业务。彼得·德鲁克（Peter Drucker）曾说过，战略管理的主要任务在于思考企业的总体任务是什么，企业需要回答这样的问题：我们的业务是什么？这是建立企业目标、制定企业战略以及为明天的前景而做出今日决策的基础。显然这一任务要由企业中可以通观业务全局的人来承担，这样才能在各种目标之间及今日需要和未来需要之间做出权衡，也才能够合理地配置人力和财力资源，使其在关键之处发挥作用。长远性是指公司未来发展的方向，公司的使命陈述就指出了这一内容。例如，华为的愿景与使命是把数字世界带入每个人、每个家庭、每个组织，构建万物互联的智能世界。战略还具有对抗性特征，指战略设计与执行时必须考虑到竞争对手的情况。

第二节 战略的类型

一、按管理层次分类

按照管理层次，战略可分为总体层战略、业务层战略和职能层战略。

(一) 总体层战略

总体层战略，又称公司层战略、集团层战略，是企业最高层次的战略，是企业整体战略的总纲。总体战略的目标是确定企业未来一段时间的总体发展方向，协调企业下属的各个业务单位和职能部门之间的关系，合理配置企业资源，培育企业核心能力，实现企业总体目标。它主要强调两个方面的问题：一是"应该做什么业务"，即从企业全局出发，根据外部环境变化及内部资源条件，确定企业的使命与任务、产品与市场领域；二是"怎样管理这些业务"，即在企业不同的部门和业务单位之间如何分配资源以及采取何种成长方向等，以实现企业整体的战略意图。

(二) 业务层战略

现代大型企业一般都同时从事多种经营业务，有若干个相对独立的产品或市场部门，即事业部或战略经营单位。由于各业务部门的产品、服务不同，所处的外部环境不同，企业能给予的资源支持不同，因此各部门在参与经营过程中所采取的战略也不尽相同。各经营单位有必要制定指导本部门产品或服务经营活动的战略，即业务层战略（又称事业部战略或经营单位战略）。业务层战略是企业战略业务单元在公司总体层战略的指导下，经营管理某一特定的战略业务单元的战略计划，具体指导和管理经营单位的重大决策和行动方案，是企业的一种局部战略，也是公司战略的子战略，它处于战略结构体系中的第二层次。业务层战略着眼于企业中某一具体业务单元的市场和竞争状况，相对于总体层战略有一定的独立性，同时又是企业战略体系的组成部分。业务层战略主要回答在确定的经营业务领域内，企业如何展开经营活动；在一个具体的、可识别的市场上，企业如何持续保持优势等问题。其侧重点在于以下几个方面：贯彻使命，业务发展的机会和威胁分析，业务发展的内部条件分析，业务发展的总体目标和要求等。

(三) 职能层战略

职能层战略是为贯彻、实施和支持企业总体层战略与业务层战略而在企业特定的职能管理领域制定的战略。职能层战略主要回答某职能的相关部门如何卓有成效地开展工作的问题，重点是提高企业资源的利用效率，使企业资源的利用效率最大化。其内容比业务层战略更为详细，作用是使总体层战略与业务层战略的内容得到具体落实，并使各项职能之间协调一致，通常包括市场营销战略、人力资源战略、财务战略、生产战略、研发战略等方面。

总体层战略倾向于总体价值取向，以抽象概念为基础，主要由企业高层管理者制定；业务层战略主要就本业务部门的某一具体业务进行战略规划，主要由业务部门领导层负责；职能层战略主要涉及具体执行和操作问题。

总体层战略、业务层战略与职能层战略一起构成了企业战略体系，如图 3-1 所示。在企业内部，企业战略管理各个层次之间是相互联系、相互配合的。企业每一层次的战略都为下一层次的战略提供方向，并构成下一层次的战略环境；每一层次战略又为上一级战略目标的实现提供保障和支持。所以，企业要实现总体战略目标，必须将三个层次的战略有效地结合起来。

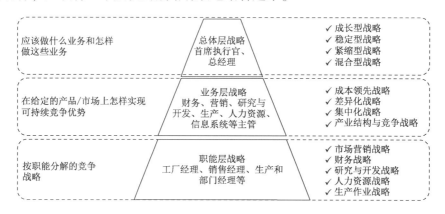

图 3-1　按战略层次分类的企业战略体系

三个层次的战略区别如表 3-1。

表 3-1　公司层战略、业务层战略和职能层战略的区别

特点	战略层次		
	公司层	业务层	职能层
性质	观念型	中间	执行型
明确程度	抽象	中间	确切
可衡量程度	以判断评价为主	半定量化	通常可定量
频率	定期或不定期	定期或不定期	定期
时期	长期	中期	短期
所起作用	开创性	中等	改善增补性
对现状的差距	大	中	小

续表

特点	战略层次		
	公司层	业务层	职能层
承担的风险	较大	中等	较小
盈利潜力	大	中	小
代价	较大	中等	较小
灵活性	大	中	小
资源	部分具备	部分具备	基本具备
协调要求	高	中等	低

二、按照市场占有情况分类

按照市场占有情况，战略可分为拓展型战略、稳健型战略和收缩型战略。

（一）拓展型战略

拓展型战略是指采用积极进攻态度的战略形态，主要适合行业龙头企业、有发展后劲的企业及新兴行业中的企业。具体的战略形式包括市场渗透战略、多元化经营战略、联合经营战略。市场渗透战略是指为实现市场逐步扩张的拓展战略，该战略可以通过扩大生产规模、提高生产能力、增加产品功能、改进产品用途、拓宽销售渠道、开发新市场、降低产品成本、集中资源优势等单一策略或组合策略来开展，战略核心体现在利用现有产品开辟新市场实现渗透和向现有市场提供新产品实现渗透两个方面。多元化经营战略是指一个企业同时经营两个或两个以上行业的拓展战略，又可称"多行业经营战略"，主要包括三种形式：同心多元化、水平多元化、综合多元化。同心多元化是利用原有技术及优势资源，面对新市场、新顾客增加新业务实现的多元化经营；水平多元化是针对现有市场和顾客，采用新技术增加新业务实现的多元化经营；综合多元化是直接利用新技术进入新市场实现的多元化经营。联合经营战略是指两个或两个以上独立的经营实体，横向联合成立一个经营实体或企业集团的拓展战略，是社会经济发展到一定阶段的必然形式。实施该战略有利于实现企业资源的有效组合与合理调配，扩大经营资本规模，实现优势互补，从而加快拓展速度，增强集合竞争力，促进规模化经济的发展。在我国，联合经营主要是以兼并、合并、控股、参股等形式，通过横向联合组建成立企业联盟体，其联合经营战略主要可以分为一体化战略、企业集团战略、企业合并战略、企业兼并战略四种类型，具体如表3-2所示。

表 3-2 联合经营战略

分类	解释	优缺点
一体化战略	由若干关联单位组合在一起形成的经营联合体。主要包括垂直一体化（生产企业同供应商、销售商串联）、前向一体化（生产企业同销售商联合）、后向一体化（生产商同原料供应商联合）、横向一体化（同行业企业之间的联合）	优点：通过关联企业的紧密联合，可实现资源共享，降低综合成本 缺点：管理幅度加大，不利于资源调配及与利益关系的协调
企业集团战略	由若干个具有独立法人地位的企业以多种形式组成的经济联合组织。组织结构层次分为：集团核心企业（具有母公司性质的集团公司）、紧密层（由集团公司控股的子公司组成）、半紧密层（由集团公司参股企业组成）、松散层（由承认集团章程并保持稳定协作关系的企业组成）	优点：总公司对子公司具有有限责任，风险得到控制；大大增加企业之间联合参与竞争的实力 缺点：战略协调、控制、监督以及资源配置困难；缺乏各公司间的协调，管理变得间接
企业合并战略	指参与企业通过所有权与经营权同时有偿转移，实现资产、公共关系、经营活动的统一，共同建立一个新法人资格的联合形式	优点：能优化资源结构，实现优势互补，扩大经营规模 缺点：容易吸纳不良资产，增加合并风险
企业兼并战略	企业通过现金购买或股票调换等方式获得另一个企业全部资产或控制权的联合形式。其特点是：被兼并企业放弃法人资格并转让产权，但保留原企业名称成为存续企业；兼并企业获得产权，并承担被兼并企业债权、债务的责任和义务	优点：兼并可以整合社会资源，扩大生产规模，快速提高企业产量 缺点：容易分散企业资源，导致管理失控

（二）稳健型战略

稳健型战略是采取稳定发展态度的战略形态，主要适合中等及以下规模的企业或经营不景气的大型企业，可分为无增长战略（维持产量、品牌、形象、地位等水平不变）和微增长战略（竞争水平在原基础上略有增长）两种战略形式。该战略强调保存实力，以有效控制经营风险，但发展速度缓慢，竞争力量弱小。

（三）收缩型战略

收缩型战略是采取保守经营态度的战略形态，主要适合处于市场疲软、通货膨胀、产品进入衰退期、管理失控、经营亏损、资金不足、资源匮乏、发展方向模糊的危机企业，可分为转移战略、撤退战略、清算战略三种战略形式。具体如表 3-3 所示。

表 3-3　收缩型战略

分类	转移战略	撤退战略	清算战略
解释	通过改变经营计划、调整经营部署，转移市场区域（大市场→小市场）或行业领域（高技术含量→低技术含量）的战略	通过削减支出、降低产量，退出或放弃部分地域或市场渠道的战略	通过出售或转让企业部分或全部资产以偿还债务或停止经营活动的战略
优点	通过整合有效资源，优化资源结构，保存有生力量，以减少企业亏损，延续企业生命，并能通过资源集聚优势，加强内部改制，以图新的发展		
缺点	尺度较难把握，盲目使用收缩型战略可能会扼杀具有发展前途的业务和市场，伤害企业总体利益；实施收缩型战略常常意味着不同程度的裁员和减薪，会引起企业员工的不满，在某些管理人员看来意味着工作的失败和不利		
改进	调整经营思路，推行系统管理，精简组织机构，优化资源结构，盘活积压资金，压缩不必要开支		

三、按盈利方式分类

按盈利方式，战略可分为成本领先战略、差异化战略、集中化战略。

（一）成本领先战略

成本领先战略是指成为行业里所有竞争者中成本最低的企业的战略。它的逻辑是利用低成本优势定出比竞争对手低的产品或服务的价格，大量吸引对成本很敏感的购买者，进而提高总利润。开发成本优势的途径有以下两条：

一是比竞争对手更有效地开展内部价值链活动，更好地管理影响价值链活动成本的各个因素，如获取规模经济，充分利用当前生产能力。

二是改造企业的价值链，省略或跨越一些高成本的价值链活动，如改进设计、节约材料、降低人工费用等。对存在于企业内部的成本劣势，可以采取以下措施：① 简化高成本活动的经营和运作；② 再造业务流程和工作惯例，从而提高员工的生产率，提高关键活动的效率，提高企业资产的利用率；③ 通过改造价值链消除某些产生成本的活动；④ 对高成本的活动进行重新布置，将其安排在活动展开成本更低的地理区域；⑤ 分析自己的价值链，观察、判断是否有一些非关键的活动由外部的合作商来完成比自己完成更为合适；⑥ 投资能节约成本的技术，如采用机器人、柔性制造技术、计算机控制系统等；⑦ 围绕棘手的成本要素进行革新，如对工厂和设备追加投资；⑧ 简化产品设计，使产品的生产更具有经济性；⑨ 通过价值链体系的前向和后向部分来补偿企业的内部成本劣势。

成本领先战略成功的前提有三：产品或服务具备高质量，至少是客户可接受的质量；具备持续的成本控制能力；专注，不贪心。

（二）差异化战略

差异化战略旨在为对价格相对不敏感的用户提供产业中独特的产品与服务，

如产品差异化、服务差异化、人员差异化和形象差异化。差异化战略的思想是在产品价值链的某些环节上，具有与众不同的特色，由此赢得用户信任，而竞争对手一时难以与之竞争。

差异化战略的优势有：① 差异化战略在同行业竞争中形成一个隔离地带，避免竞争对手的侵害；② 顾客对差异化产品的信赖和忠诚，形成较高的进入壁垒；③ 差异化战略产生了较高的边际收益，增强了本企业对供应商讨价还价的能力；④ 产品差异化使中间商具有较高的转换成本，使其依赖于本企业；⑤ 顾客对差异化产品的依赖，使替代品无法在差异化上与之竞争。

差异化战略的风险有：① 顾客可能认为差异者与成本领先者的价格之差过于悬殊；② 企业差异化的方式已不能为顾客创造价值，顾客不愿为此多付钱；③ 不断学习可能降低顾客对一家公司差异化特征的价值评价；④ 赝品成为执行差异化战略企业的潜在风险或风险因素。

差异化战略的适用条件有：① 可以有多种途径创造公司的产品与竞争对手的产品之间的差异，而且购买者认为这些差异有价值；② 对产品的需求和使用多种多样；③ 采用类似差异化战略的竞争对手很少；④ 技术创新很快，竞争主要集中在不断推出的新产品上。

（三）集中化战略

集中化战略是指对选定的细分市场进行专业化服务的战略。在选定的细分市场中，集中化战略既可以通过低成本，也可以通过专业化的差距，或者通过两者结合的方法来获取竞争优势。集中化战略的优势在于集中资源聚焦于选定的细分市场，从而可以利用有限的资源为有限的顾客提供更为满意的服务，建立顾客忠诚。企业可以采用两种集中化战略：以低成本为基础的集中成本领先战略和以差异化为基础的集中差异化战略。集中化战略的基础在于一家企业可以比业内的其他竞争对手更好、更有效率地服务某一特定细分市场，且服务于小市场的成本比竞争对手的成本低，或者能够更好地满足用户的需求。此战略的成功需要企业去发现非常独特并且专业化的需求，以至于找到业内一般竞争对手根本无法去服务的细分市场，或者找到业内竞争者做得很差的细分市场。

集中化战略的风险有：① 竞争对手可能会集中在一个更加狭窄的细分市场上而使本来的集中不再集中；② 在整个行业内竞争的企业可能会认为由执行集中化战略的企业所服务的细分市场很有吸引力，值得展开竞争，并实施竞争战略，使原来实施集中化战略的企业失去优势；③ 细分市场与总体市场之间在产品或服务需求上的差别变小，细分市场中的顾客需求可能会与一般顾客需求趋同；④ 由于狭小的目标市场难以支撑必要的市场规模，所以集中化战略可能带来高成本的风险。

绝大多数小企业都是从集中化战略起步的，但并不一定都意识到了这一战略的意义，并采取更具战略导向的行动。企业实施集中化战略的关键是选好战略目标小市场。在选择之前，企业必须确认：① 目标小市场足够大，可以盈利；② 小市场具有很好的成长潜力；③ 小市场不是行业主要竞争者成功的关键，也没有其他竞争对手试图采取集中化战略；④ 企业有相应的资源和能力，能比竞争对手更好地满足目标市场的需求；⑤ 企业能凭借其建立的顾客商誉和服务来防御行业中的挑战者。

第三节 战略管理框架

安索夫（Ansolf H. I）在其1976年出版的《从战略规划到战略管理》一书中提出了"企业战略管理"的概念。他认为，企业的战略管理是指将企业的日常业务决策同长期计划决策相结合而形成的一系列经营业务管理。斯坦纳（Sterner）在其1982年出版的《企业政策与战略》一书中则认为，企业战略管理是确定企业使命，根据企业外部环境和内部经营要素确定企业目标，保证目标的正确落实，并使企业使命最终得以实现的一个动态过程。战略管理是使组织能够达到其目标的跨功能决策的艺术和科学，是一个跨学科的学科。战略管理主要包括战略制定、战略实施和战略评价三个环节。

一、战略制定

战略制定包括确定企业任务，认定企业的外部威胁与机会，认定企业的内部优势和弱点，建立长期目标，制定可供选择的战略，以及选择特定的实施战略。在此之前，要进行战略分析，它主要是为了评价影响企业目前以及今后发展的关键因素，并确定在战略选择步骤中的具体影响因素。战略分析主要包括三个方面：

其一，确定企业的使命和目标。这是企业战略制定和评估的依据。

其二，外部环境分析。战略分析要了解企业所处的环境（包括宏观环境、微观环境）正在发生哪些变化，以及这些变化将给企业带来更多的机会还是威胁。外部环境的分析主要有PEST模型和五力模型。PEST主要从政治/法律、经济、社会与文化、技术四个方面对环境进行分析。政治/法律方面包括分析垄断立法、环境保护法、税务政策、外贸管制、雇佣法和政府稳定性等。经济因素包括分析商业周期、GDP趋势、利率、货币供应、通货膨胀、失业率、可支配收入和能源供应的稳定性等。社会与文化方面主要分析人口统计、收入分配、社会流动性、生活方式的改变、对工作和闲暇的态度、消费特征和教育水平等。技术分析包括政府的研究支出、政府的产业科技政策、新技术研究开发、技术转移的速度等。

五力模型如图3-2。

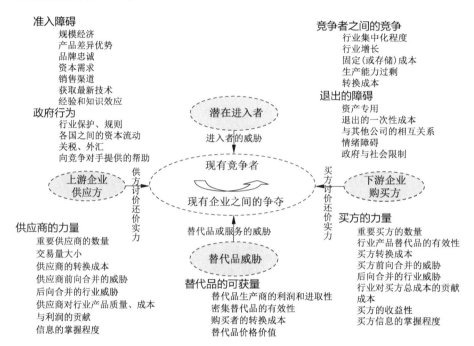

图3-2 外部环境分析——五力模型

其三，内部条件分析。战略分析要了解企业所拥有的资源和战略能力，以及自身所处的相对地位；还需要了解与企业有关的利益和相关者的利益期望，即在战略制定、评价和实施过程中，这些利益相关者会有哪些反应，这些反应又会对组织行为产生怎样的影响和制约。

在战略分析阶段明确了"企业目前状况"之后，战略选择阶段所要回答的问题是"企业将走向何处"。战略选择阶段是为了制定指导组织建立目标、选择和实施战略的方针，建立实现组织使命的长期目标和短期目标，并选择用来实现组织目标的战略。第一步需要制订战略选择方案。在制定战略过程中，当然是可供选择的方案越多越好。企业可以从对企业整体目标的保障、对中下层管理人员积极性的发挥以及企业各部门战略方案的协调等多个角度考虑，选择自上而下、自下而上或上下结合的方法来制订战略方案。第二步是评估战略备选方案。评估备选方案通常使用两个标准：一是考虑选择的战略是否可以克服劣势，发挥企业的优势，是否利用了机会，将威胁削弱到最低程度；二是考虑选择的战略能否被企业利益相关者所接受。需要指出的是，实际上并不存在最佳的选择标准，管理层和利益相关团体的价值观及期望在很大程度上影响着战略的选择。此外，对战略的评估最终还要落实到战略收益、风险和可行性分析的财务指标上。第三步是选择战略，即最终的战略决策，确定准备实施的战略。

二、战略实施

战略实施就是将战略转化为行动。主要涉及以下一些问题：如何在企业内部各部门和各层次间分配及使用现有的资源；为了实现企业目标，还需要获得哪些外部资源以及如何使用；为了实现既定的战略目标，需要对组织结构做哪些调整；如何处理可能出现的利益再分配与企业文化的适应问题，如何进行企业文化管理以保证企业战略的成功实施；等等。

企业战略管理的实践表明，战略制定固然重要，战略实施也同样重要。一方面，良好的战略仅仅是战略管理成功的前提，有效的企业战略实施才是企业战略目标顺利实现的保证。另一方面，如果企业没有能制定出合适的战略，但是在战略实施中能够弥补原有战略的不足之处，那么最终也有可能获得战略的完善与成功。当然，如果是一个不完善的战略选择，在实施中又不能将其扭转到正确的轨道上，就只有失败的结果。

三、战略评价

战略评价就是通过评价企业的经营业绩，审视战略的科学性和有效性。战略调整就是根据企业情况的发展变化，即参照实际的经营事实、变化的经营环境、新的思维和新的机会，及时对所制定的战略进行调整，以保证战略对企业经营管理进行指导的有效性。包括调整公司的愿景、公司的长期发展方向、公司的目标体系、公司的战略以及公司战略的执行等内容。

第四节　战略绩效管理

一、战略与绩效管理

"没有战略的企业，就像一艘没有舵的船，只会在原地转圈，也像流浪汉一样无家可归。"由此可见，战略就像是黑暗中的灯塔，为前行的船只指引方向。因此，在企业实施绩效管理前，必须首先明确其战略。但战略设计与战略实施之间存在着鸿沟，对于公司业绩而言，战略设计与战略制定之间的关系见图3-3。

图 3-3　战略设计与战略制定关系图

由图 3-4 可知，对于企业而言，即使战略设计得再完美，如果执行力度不够，则企业战略也不能实现。有调查发现，在经过精心策划的企业战略中只有不到 10% 能够得到有效的执行。同时，战略执行已经成为投资者判断企业价值最重要的非财务因素。研究表明，绝大多数企业都无法成功地执行它们的战略，而战略执行效果不理想是由于三分之二的企业没有在战略和人力资源、信息技术计划之间建立起牢固的协调一致关系，它们不仅不能促进战略实施能力的提高，而且不能在人力资源和信息技术投资上获得回报。因此，战略不到位，不仅会导致企业无法实现业绩，还将导致企业资源的浪费。

事实上，组织战略的实现离不开绩效管理系统，而绩效管理系统也必须与组织的战略目标密切联系才具有实际意义。绩效管理是审视战略实施情况的评估机制。战略性绩效管理就是能够将员工具体的工作活动与组织的战略目标联系起来，通过将战略分解至量化目标，与平衡计分卡（BSC）、关键绩效指标（KPI）、经济增加值（EVA）等先进管理工具有效衔接，把组织、部门和个人的绩效紧密地联系在一起，在员工个人绩效提高的同时促进组织整体绩效的提升，确保战略落地执行。

因此，要在战略的指导促进下实施绩效管理，应首先明晰组织的战略，通过战略目标的承接与分解，将组织的战略目标逐层落实到部门和员工个人，并在此基础上制定相应的绩效评价指标体系，设计相应的绩效评价和反馈系统。管理者可以通过绩效评价指标体系来引导员工的行为，帮助员工正确认识自己的优势与不足，同时充分发挥战略执行的推动作用，使员工努力方向与组织的战略保持高度一致，进而促使组织战略与绩效管理目标的顺利实现。

二、绩效管理促进战略执行的机理解析

（一）绩效管理可以促使员工理解公司的战略

公司战略描述了它想如何为股东、客户和国民创造价值。由于在组织中的角色不同，不同的职业对于公司战略的描述不尽相同。财务管理人员往往只会从财务的角度去考虑战略，销售和营销管理人员往往从客户的观点去思考战略，人力资源管理人员则从人力资本投资的角度去关注战略，这就是组织中的隧道视野。它表明，尽管企业高层制定了一个自认为比较明确的战略，但在部分中高层管理

人员那里是如何被分割的就不得而知了。由于组织中每个人无法从全局的观点去描述和把握战略，管理者之间以及管理者与员工之间就无法就战略进行有效的沟通，战略在组织中就无法达成共识，最终导致战略对员工行为的指导作用丧失。针对这一现象，卡普兰（Robert Kaplan）和诺顿（David Noton）曾用一家公司的案例进行了生动的描述。在公司 CEO 确定以优质服务和质量作为战略的几个月以后，他接到了公司一名项目经理在与客户交流现场打来的电话。他说："我知道公司的战略目标是通过优质服务来获取市场份额，但现在客户就在我对面，我不知道我应该怎么做才算得上是优质服务，请您指示。"这一案例生动地表明了公司战略如果不能达到有效共识所导致的结果。它说明公司战略不能仅仅停留在某些高层管理人员的心中，它还必须能够细化到员工心中，只有这样才能让高高在上的战略落地（落地的意思就是指战略必须让员工知道，并且成为员工行动的指南）。所以战略实施的第一个环节是让组织中的所有员工能就战略达成共识，避免员工对于战略问题的隧道视野。绩效管理为解决战略隧道视野问题提供了很多的工具，如平衡计分卡就提供了一个框架，用以说明公司战略是通过哪些价值创造流程联系起来的，这可以促使员工认识到自身工作在战略执行中的意义和价值，激发员工的内在成就驱动力。同时从客观上帮助员工认识到，为了有效地执行战略还必须与哪些部门进行配合，从而消除由隧道视野导致的"各自为战"局面，使员工看到自己是如何为企业的成功做出贡献的。

（二）绩效管理可以将公司战略转换为具体的指标

以绩效管理的平衡计分卡为例。通过平衡计分卡的编制，公司的战略目标将逐项得以澄清，把公司战略转化为具体可衡量的直观指标，如表 3-4。

表 3-4　某银行的平衡计分卡评价指标

财务指标	顾客指标
1. 投资报酬率 2. 收入成长率 3. 储蓄服务成本降低额 4. 各项服务收入百分比	1. 市场占有率 2. 与顾客关系的程度 3. 现有顾客保留率 4. 顾客满意度调查
内部经营指标	学习和创新指标
1. 各产品或地区的利润与市场占有率 2. 新产品收入占总收入比例 3. 各种营销渠道的交易比率 4. 顾客满意度 5. 每位推销员潜在顾客接触次数 6. 每位推销员的新客户收入额	1. 员工满意度 2. 每位员工的平均销售额 3. 策略性技术的训练成果 4. 策略性资讯提供率 5. 银行激励制度与员工个人目标相容的比率

通过上表，可以有效地把公司战略转变成一套完整的绩效计分卡，把目标转化为具体的指标，使得公司战略从一个抽象的概念演变为具体的数字，从而真正

被员工认知。

(三) 绩效管理可以将公司战略转化为员工绩效计划

绩效管理可以消除战略设计和战略执行之间的差距，使得战略成为组织中每一名员工的日常工作，同时促使公司各部门及其员工都围绕着公司战略工作。绩效管理能够发挥作用的关键就是把战略进行分解，战略不分解就很难达到这个目的。卡普兰和诺顿提供了一个战略分解的框架，见表3-5[①]。

表3-5 战略分解框架

总公司的战略日程	指导原则	总公司的计分卡	下属业务部门A（高增长）	下属业绩部门B（成熟）
财务方面 1. 强劲增长 2. 保持总利润率	每个下属业务部门应根据市场形势追求强劲增长	销售额增长率（与上年相比）	新商店的销售额	每个商店的销售增长率
客户方面 1. 客户忠诚程度 2. 全方位服务	……	……	……	……
内部方面 1. 创名牌 2. 领导潮流 3. 产品质量 4. 购物经历	每个下属业务部门应创一个名牌 …… …… ……	实现名牌战略的下属业务部门比例（%） …… …… ……	重要产品的收入（%） …… …… ……	市场份额 …… …… ……
学习方面 1. 战略技能 2. 个人成长	…… ……	…… ……	…… ……	…… ……

这张表提供了一个把公司战略指标分解成业务部门绩效指标的方案，它实现了把公司战略目标层层分解到部门和岗位的目的。通过此项工作，事实上形成了公司跨年度的业务计划，以及公司、部门、岗位执行战略计划的年度工作计划。当然，这些都是以指标的形式来表示的。同时，在绩效计划制订过程中，还要明确执行计划的预算。绩效管理通过指标来分配人力、物力和资本资源，进而形成战略执行的预算表，为公司战略执行提供资源分配方案。表3-6就是一张基于绩效指标设计的战略预算方案[②]。

[①] 罗伯特·S. 卡普兰, 戴维·P. 诺顿. 综合记分卡——一种革命性的评估和管理工具 [M]. 北京: 新华出版社, 2002: 156.

[②] 罗伯特·S. 卡普兰, 戴维·P. 诺顿. 综合记分卡——一种革命性的评估和管理工具 [M]. 北京: 新华出版社, 2002: 215.

表 3-6　以平衡计分卡为基础的资本预算过程

项目	财务 40%	客户 20%	内部 20%	学习 20%		项目投资	累计
……	36	17	20	9	82	……	……
……					78	……	……
……					76	……	……
					59		
投资限额					48		
……					40	……	……
……					32	……	……
					25		

在这个预算管理框架下，每项投资预算的排名取决于这项投资对公司战略计划的总体影响，影响较大的将被正式纳入公司预算。这样不仅保证了公司每一项投资都是为公司战略服务的，也使公司对于每项投资在哪些方面产生影响有了清晰的判断。在确定公司整体预算的基础上，部门还需要制定年度预算。在传统预算管理操作模式之下，部门的预算只是该部门和财务部门进行协商的结果，双方对预算的具体用途和功能都停留在模糊的层面。而基于绩效管理的战略预算则认为，为了保证部门预算与公司整体预算一致，部门预算的编制应当基于部门指标。为此，在编制部门预算时，部门主管必须罗列出所有支持公司战略目标的支持计划。该计划至少应当包含以下组成部分：计划的项目内容、各项目内容的时间、主要责任人和责任部门、配合协助部门、所安排的资金等内容。表 3-7 是人力资源部编制财务预算的个案①。

表 3-7　人力资源部财务预算表

序号	计划内容	时间/月 1 2 3 4 5 6 7 8 9 10 11 12	主要责任者	协助者	资金安排/元
1	战略管理知识培训	√　　　　　　√	人力资源部	战略管理部	4 万
2	入职员工培训	√　　　　　√	人力资源部		
3	中高层户外训练	√　　　　√	人力资源部	办公室	6 万
4	生产技术培训	√√　　√√	人力资源部	生产部	
5	流程管理知识培训	√　√　　√	人力资源部	企管部	2 万
6	HR 管理知识培训	√　√　√	人力资源部		

---

① 秦杨勇. 平衡计分卡与绩效管理：中国企业战略制导 [M]. 北京：中国经济出版社，2009：117.

续表

序号	计划内容	1	2	3	4	5	6	7	8	9	10	11	12	主要责任者	协助者	资金安排/元
7	财务管理知识培训													人力资源部	财务部	
8	研发技术培训		√	√	√			√	√	√				人力资源部	研发中心	10万
9	营销管理知识培训		√	√										人力资源部	营销中心	6万
10	企业文化培训			√		√			√			√		人力资源部		
															总计	28万

以绩效管理为基础的预算管理制度可以确保战略目标与预算目标的统一，使得预算真正地与企业每个部门的工作计划挂钩。这样可以将预算从机械的操作中解脱出来，成为将注意力和资源转向战略性的计划管理，为战略执行提供资源支持。

（四）绩效管理为战略执行构建奖惩体系

强化理论指出：① 人的行为受到正强化会趋向于重复发生，受到负强化会趋向于减少发生；② 为激励人们按一定的要求和方式去工作，以达到预定的目的，奖励往往比惩罚有效；③ 反馈是强化的一种重要方式，应该让人们通过某种形式或途径及时了解行为的结果；④ 奖赏应在行为发生以后尽快提供，延缓奖赏会降低强化作用。

依据强化理论的观点，战略计划阶段所做的工作只为战略执行提供了方向和理论上的计划，最终若想通过绩效管理真正把公司战略落实到每一位员工，就必须把激励制度与绩效管理体系中的指标联系起来，强化员工为战略执行提供的动力和支持，真正落实战略执行计划。例如，卡普兰经过考察后认为，在企业内部，把企业的战略目标明确纳入绩效管理系统中，将使许多员工看到、认识到自己的工作表现与公司战略目标之间的联系，他们就不会机械地根据完成或超额完成的任务而领取奖金，而是知道自己的哪些工作必须做得格外好，才能帮助公司实现战略目标。把员工个人目标同公司战略目标明确挂钩可以使员工释放出成就内激力，为战略执行提供有效的制度保障。

（五）绩效管理可以为战略执行提供反馈

一套完整的战略管理制度必须增加一个关键性因素：反馈、分析和反省的过程。它可以帮助企业重新审视公司战略，并依据经营环境的变化做出调整，使公司战略能够适应各种情景。为此，与传统战略执行管理系统相比，以绩效管理为基础的战略执行体系增加了一个核心的环节——战略性反馈与学习。这个过程的主要功能就是收集企业战略的业绩数据、检验战略目标和战略行动中相互关系的假设，并从业绩数据的分析报告中吸取教训，使企业战略执行适应动态管理的要求。

因此，绩效管理是战略实施的有效工具。战略能否落地最终体现在目标能否层层分解落实到每位员工身上，促使每位员工都为企业战略目标的实现承担责任。这样才能避免战略稀释现象的发生，为战略执行提供强有力的支持。

本章案例

以战略为基础的绩效管理

自从1993年与雷诺汽车公司的兼并计划被取消后，整个沃尔沃集团经历了重大的变革。首先，沃尔沃把大量的时间与资源花在了阐明沃尔沃集团各个子公司的远景与战略上。1995年年初，沃尔沃提出了新远景："成为世界上最理想、最成功的专业汽车品牌。"基于战略和远景，沃尔沃的各个部门都阐明了详细的战略。通过以行动为基础的商业计划，这些战略在整个集团得以实施。

在阐明战略的过程中，沃尔沃的管理层意识到集团的预算和计划体系无法提供可靠的预测。管理控制体系没有正确估计技术、产品以及成为市场上的有力的竞争者所需要的进程。沃尔沃需要一个灵活的管理控制工具，该工具能够模拟现实情况并且能够对商业环境中的变化做出快速的反应。这些因素导致公司开始引入"新计划过程"。新计划过程是一种报告和控制，在该过程中，沃尔沃一年中至少准备四次长期和短期预测，同时还要把关注的焦点放在目标和当前的经营计划上。新计划过程不强调预算安排，反而传递出这样一种信息："不需要预算"。依照管理的要求，预算已经成为一种形式，一种对有效控制经营起阻碍作用的每年一次的仪式。

利用新计划过程，沃尔沃想把关注的焦点从细节转向目标。沃尔沃认为决策的制定应该尽可能地靠近客户。这要求有一个能够提供早期预警信号的管理控制体系；一旦现实情况开始偏离预期，应该采取积极决策行动使集团朝着已经确定的目标调整。沃尔沃的管理控制是通过测量各个部门的业绩指标来进行的，业绩指标以图形的形式显示在记分卡上。业绩指标应该是相关的和易于测量的，应该包含有货币或者非货币的参数，而且它们在短期和长期中应该与财务业绩或者资本使用之间有直接或者间接的联系。

每一个业绩指标都对应相应的目标。目标设定过程应该开始于对部门理想状况的清晰定义；通常情况下，在业务发展和战略阐明过程中这个步骤已经完成了。下一步是定义将引导部门朝着理想情况发展。关键的成功要素指标变成可测量的目标。目标应该是有可能实现的、便于理解的、能够分解为次要目标并能够应用于集团不同部门的。应该设定完成每个目标的最后期限，对目标实现的过程能够进行短期或长期预测。

长期预测每季度进行一次，短期预测按月进行。长期预测是针对未来两年及过去两年的，共有五年时间在被关注的范围内。用这种方法，可以警告集团的管理层注意将要发生的变化，并采取相应的行动策略。在一年当中，绩效的评估是连续不断地对每一个绩效指标都进行经常的预测和控制。业绩报告包括集团各部门提交的报告。在业绩指标的基础上通过记分卡对每一个部门进行监督（指标事先由集团的质量管理人员确定）。除了记分卡，还要对趋势、差异以及值得关注的事件发表评论；对任何差异都要提出一个行动计划。这种报告不仅要用书面形式加以记录，而且在每月举行的会议上还要同 CEO 或者 CFO 一起进行口头陈述。

根据业绩报告，沃尔沃的管理层了解到许多业绩指标的完成情况，包括利润、客户满意程度、质量、成本以及营运资本等。通过不断比较真实业绩与预期业绩，集团总是可以保证有一套行动计划来完成确定的目标。按照沃尔沃的规定，这些特点构成了业绩报告和年度预算之间的主要区别。但是，存在一个扩展的目标设定过程，在此过程中值得注意的是短期和长期目标总是保持不变，而预期目标却经常随着实际情况的改变进行修正，由此也可以看到补救行动计划是如何较好地完成的。

问题：
1. 简述沃尔沃集团绩效管理的优势所在。
2. 沃尔沃集团的绩效管理可能还存在什么问题？
3. 结合案例与本章所学，谈谈如何让绩效管理与战略有效结合。

第四章 基于行为和特质的绩效管理工具

管理学是一门直接面向实践的科学，绩效管理工具作为管理实践与管理理论之间的桥梁与纽带，直接来源并应用于管理实践。绩效管理工具的革命性创新始于20世纪50—70年代。在50年代之前，不论是绩效管理的理论还是工具，都局限于表现性评价。之后的几十年，绩效管理逐渐发展成为人力资源管理理论研究的重点。学者们提出了目标管理法、关键绩效指标法、平衡计分卡法、目标与关键结果法、行为锚定等级考核法等绩效管理理论和工具。纵观绩效管理工具的演变历程，可以发现它在横向上不断拓宽评价范围，从单纯的财务指标扩展到全面地考察企业；在纵向上也不断提升关注经营的功能，从单纯的绩效评价工具上升到承接组织战略的战略性绩效管理工具。

绩效考核的方法非常多，当今世界上共有100多种绩效考核的方法。这些方法中的部分被广泛应用，部分很少应用。广泛应用的有基于行为考核的方法（如行为锚定等级考核法、行为观察法）、基于特质的考核方法（如胜任特征模型）和基于结果的考核方法（如目标管理法、KPI法）等。基于学界认为绩效的概念主要包括行为、特质和结果三个维度，一般理论界将绩效考核方法分为四类，分别是通用考核方法、以行为为导向的考核方法、以特质为导向的考核方法和以结果为导向的考核方法。本章主要讲解前三种方法。

第一节 通用考核方法

一、自我报告法

此方法是指通过书面的形式对本人的工作进行总结及考核的一种方法。自我报告法通常让被考核者依照自身岗位的要求填写一份自我鉴定表，回顾一定时期内的工作情况，并列举出在这段时间内1—3件重大贡献事件及1—3件最失败的事，给出相应的原因，进而指出不足之处，最后提出相应的改进建议。这种方法一般要求将被考核者集中起来,并且在事前不清楚集中目的和没有助手参与的情况下,独立完成总结。

二、简单排序法

该方法要求评定者依据工作绩效将工作人员从最好到最差进行排序,考评者从表现最好的员工开始,自上而下地列出所有员工,直到列出表现最差的员工为止。该方法简便易行,通常适用于员工数量较少的单位。但这种方法容易走极端,在使用过程中要引起注意。

这种方法对于小团队非常简单实用,评价结果也一目了然,但对员工的心理会造成很大的压力,也不利于内部合作氛围的营造。另外要注意的是,相当层级的人可以在一起排序,但不要把位置或等级悬殊的放在一起,这将使比较失去意义。例如,一个有5年工作经验的老销售的销售业绩往往比工作半年的新员工要好,此时,对于二者,用一把尺子去丈量就不合理了。

三、交替排序法

此种方法的操作过程如下:

(1) 将需要进行考核的所有下属人员名单列举出来,然后将不是很熟悉因而无法对其进行考核的人的名字画去。

(2) 用表4-1所示的表格来考核员工的某一要素,哪位员工的表现是最好的,哪位员工的表现又是最差的。

(3) 再在剩下的员工中挑选出最好的和最差的。

以此类推,直到所有必须被考核的员工都被排列到表格中为止。

表4-1 运用交替排序法对员工绩效进行考核

考核所依据的要素:_____	
针对你所要考核的每一种要素,将所有员工的姓名都列举出来。将工作绩效考核最高的员工姓名列在第1行的位置上;将考核最低的员工姓名列在第20行的位置上。然后将次要好的员工姓名列在第2行的位置上;将次最差的员工的姓名列在第19行的位置上。将这一交替排序继续下去,直到所有的员工都被排列出来。	
考核等级最高的员工	
1. ------------	6. ------------
2. ------------	7. ------------
3. ------------	8. ------------
4. ------------	9. ------------
5. ------------	10. ------------

续表

11. ------------	16. ------------
12. ------------	17. ------------
13. ------------	18. ------------
14. ------------	19. ------------
15. ------------	20. ------------

四、配对比较法

该方法是评定者将每个工作人员进行相互比较。它使得用排序方法进行工作绩效考核变得更为有效。其基本做法是，将每一位被考核者按照所有的考核要素（如"工作数量""工作质量"等）与所有其他被考核者一一进行比较，根据配对比较的结果，排列出他们的绩效名次，如将人员1与人员2和人员3相比。赢得"点数"最多的工作人员就排在最高等级，其他人员依次排名。见表4-2。配对比较法的配比次数公式是：$[n(n-1)]/2$（其中n＝人数）。如5个下级的配比需要10次，10个下级就要配比45次，50个下级就要配比1 225次。如此，一旦下级人数过多（大于5人），配比就比较麻烦。而且配对比较法只能评比出下属员工的名次，不能反映出他们之间的差距有多大，也不能反映出他们工作能力和品质的特点。

表4-2 配对比较法示例

	就"工作质量"要素所做的考核						就"创造性"要素所做的考核				
	被考核员工的姓名						被考核员工的姓名				
比较对象	A	B	C	D	E	比较对象	A	B	C	D	E
A		+	+	−	−	A		−	−	−	−
B	−		−	−	−	B	+		−	+	+
C	−	+		+	−	C	+	+		−	+
D	+	+	−		+	D	+	−	+		−
E	+	+	+	−		E	+	−	−	+	
	2+	4+	2+	1+	1+		4+	1+	1+	2+	2+

五、短文法

短文法是指考核者书写一篇以描述工作人员绩效为主要内容的短文，并特别列举出关于被考核者优缺点的例子。这种方法主要适用于以工作人员开发为目标的绩效考核，它要求考核者关注讨论绩效的特别事例。因此，短文法能够减少考核者的偏见和晕轮效应。而且由于考核者需要列举工作人员表现中的特别事例，而不是使用评级量表，因此也能减少趋中和过宽误差。

六、强制分布法

该方法要求评定者在每一个绩效程度档次上（如"最好""中等"和"最差"）都分配一定比例的工作人员。这种方法类似于在曲线上划分等级，一定比例的工作人员得"优秀"，一定比例的工作人员得"较差"，一定比例的工作人员得"中等"。被考核者的分布类似于正态分布。强制分布法大体是"按照一条曲线进行等级评定"。要使用这种方法，就要提前确定每个工作绩效等级中将有多少比例的人员分布。比如，我们可能会按照表4-3中的比例原则来确定人员的工作绩效分布情况。

表4-3 强制分布法绩效水平分布表

绩效水平	绩效最高	绩效较高	绩效一般	绩效低于一般	绩效很低
占比	15%	20%	30%	20%	15%

据调查，2013年财富美国1000强中有44%的公司使用强制分布评价制度，直至2015年，这一比例虽有所减少，但仍高达27%[①]。

这种方法有利于管理控制，尤其是对引入淘汰机制的部门，它能明确筛选出淘汰对象。工作人员会担心由于多次落入绩效最低部分而遭淘汰，因此该法具有强烈的激励功能。当然，它的缺点也同样明显，如果一个部门的工作人员的确都十分优秀，强制进行正态分布划分等级会带来多方面的弊端，如会削弱其激励功能。相关研究得到了另外一些有趣的结论：一个企业强制分布法推行的初期，积极作用比较明显，但是随着时间的推移，其对组织绩效的积极作用日益减弱，而消极影响日益显著。特别是当激励和惩罚的幅度较大时，"对奖励的追求影响了我们对考评的反应，当个人或集体受到高度刺激，那么考评体系就变成了两种对抗利益——努力为团体的力量和努力为个人的力量——的拔河比赛。考虑到几乎每种考评系统都有缺点，强大的奖励就一定会增加将这些缺点用于个人利益的可能性，并且会引起考评失调"[②]。有学者发现，实施强制分布评价制度对员工个体创新绩效有负面影响。进一步分析表明，实施强制分布评价制度虽然提高了落后员

[①] 贾建锋,赵雪冬,赵若男. 人力资源管理强度如何影响员工的主动行为：基于自我决定理论［J］. 中国人力资源开发, 2020, 37 (3)：6-17.

[②] 龚文,陈锴. 绩效评估中的强制分布问题研究［J］. 中国人力资源开发, 2011 (5)：48-51.

工的创新绩效，但降低了精英员工的创新绩效，因而有悖于一些公司通过实施该制度追求精英文化的初衷。此外，结果显示员工合作程度在实施强制分布评价制度与员工创新绩效之间起调节作用——员工合作程度越高，公司实施强制分布评价制度对员工创新绩效的负面影响越大[1]。相应的研究也表明实施强制排名可能对员工士气、团队合作产生不利影响。总体而言，它的缺点有：

（1）强制分布法会增加员工的不安全感，损害团队合作，造成恶性竞争。对员工的绩效结果进行强制分布就意味着总会有人排在后面，这些人不仅荣誉受损，而且可能会面临着被解雇的危险，这就使员工们不得不经常考虑自己在组织中的位置。这种不安全感还有可能会导致员工拒绝创新、拒绝调动到新的工作岗位上去以及承担新的工作任务，因为这些都意味着可能会出现失败以及低绩效。此外，作为一种相对考核法，强制分布法实际上是将员工与员工进行比较，员工们可能会把团队成员当作"敌人"对待，从而形成一种恶性竞争的工作环境，阻碍团队合作，最终不利于整个组织的绩效提升。

（2）强制分布法存在公平性的问题。强制分布法通常遵循一种基于正态分布的"钟形曲线"，而在社会科学中，正态分布是建立在大量样本的基础之上的，因此，在人数较少的组织和部门中，员工绩效是否一定成正态分布或仿正态分布就是一个很大的疑问，在这种情况下要求每一个团队都"必须"有绩效等级较低的员工就可能会造成不公平。例如，高绩效团队中的绩效相对较低的员工很有可能比低绩效团队中绩效最好的员工的实际绩效水平还要高。

（3）强制分布法可能会引起法律问题。强制分布法可能会给组织带来一定的法律风险，其中包括对特定群体产生的歧视和不利影响。例如，美国福特公司于 2000 年左右引入强制分布法后导致公司面临大量的诉讼案件，员工认为公司的绩效考核体系既出现了差别对待，也形成了实质性的差别影响，从而造成年龄、性别和种族歧视。最后，福特公司不得不支付 1 050 万美元的赔偿费，公司首席执行官和人力资源总监也因此离职。

为避免负面影响，相关学者发现：第一，在应用客观标准的情况下，相比于主观标准，员工会认为强制分布法更具有绩效公平感，二者存在显著性差异；第二，在应用客观标准的情况下，相比于主观标准，员工能够获得较高的绩效考核满意度，二者存在显著性差异；第三，在应用客观标准的情况下，相比于主观标准，员工更倾向于将绩效考核结果归因于自身，二者存在显著性差异。所以建议

---

[1] 葛淳棉，詹敏敏，邓慧琪，等. 强制分布评价制度对员工创新绩效的影响研究[J]. 中国人力资源开发，2022，39（3）：6-22.

在强制分布排名过程中尽可能采用客观绩效指标进行排名,提高员工认同度①。

第二节 行为导向考核方法

一、关键事件法(CIT)

关键事件法(Critical Incident Technique,CIT)是通过由熟知工作情况的人向工作分析员描述一系列关键性工作事件来对工作做出分析的技术方法。关键事件法要求相关员工以书面的形式至少描述出 6 个月到 12 个月能观察到的 5 个关键事件,并分别说明杰出的任职者和不称职的任职者在这些典型事件中会如何处事。

一项关键事件的描述应包括以下几个方面:① 导致事件发生的原因和背景;② 员工特别有效或多余的行为;③ 关键行为的后果;④ 员工自己能否支配或控制上述后果。关键事件如:×××在搬运货物时砸伤在超市内购物的小孩,赔偿医药费×××元。×××由于系里聚会饮酒过多,第二天考试监考迟到半小时,导致考试时间延误 15 分钟。×××由于工作时间缺岗,超市内电路中断时没能及时维修,导致超市停电 20 分钟。具体见表 4-5。

表 4-5 关键事件法举例:对工厂生产助理的绩效考核

工作职责	目标	关键事件(加分、减分项目)
安排工厂生产计划	充分利用工厂中的人员和设备;及时发布各种指令	为工厂建立了新的生产计划系统;上个月的指令延误率降低了 10%;提高机器利用率 20%
监督原材料采购和库存控制	在保证充足的原材料供应前提下,使原材料的库存成本降低到最小	上个月使原材料库存成本上升了 15%;A 部件和 B 部件的订购富余了 20%,而 C 部件的订购却短缺了 30%
监督设备维修保养	不出现因设备故障而造成的停产	为工厂建立了一套新的设备维护和保养系统;由于及时发现设备故障而阻止了设备的损坏

关键事件法一般有如下几种:

第一种,年度报告法。在考核期内,考核者保持对被考核者关键事件的连续记载,其每年的报告决定着每一个工作人员的表现,特别好的或特别差的事例就

---

① 廖建桥,闫云云,刘智强. 强制分布法负面效应的规避方法研究 [J]. 工业工程与管理,2014, 19(6):1-6.

代表了工作人员在考核期内的绩效。在考核期内没有或很少有令人满意的工作记录的人员，他们的绩效既不高于也不低于预期的绩效水平。

第二种，关键事件清单法。关键事件清单法是通过开发一个与工作人员绩效相联系的关键行为的清单来进行绩效考核。这种清单对每一项工作列出20或30个关键项目。考核者只简单地检查工作人员在某一项目上是否表现出色。表现出色的人员因他们在考核期内有很好的表现而将得到很多检查记号。一般工作人员因为他们仅在很少的一些情况下表现出色，只得到很少的检查记号。

第三种，行为定位评级表。行为定位评级表法是一种将同一职务工作可能发生的各种典型行为进行评分度量，建立一个锚定评分表，并以此为依据，对工作人员工作中的实际行为进行测评的考评办法。这种量表用于考核性目标，它可以很容易获得与绩效增长相联系的数字型考核结果。

关键事件法的缺点有：关键事件法是对其他考评方法的补充，这种方法不便于员工之间的比较，也难于对员工绩效做出绝对的衡量。优点有：避免了考评中的近期化误差；能较好地减少考核中考核者的许多主观误差。

二、行为锚定等级考核法

行为锚定等级考核法（Behaviorally Anchored Rating Scale，BARS），是一种通过将员工的行为与固定每个绩效级别的特定行为示例进行比较来评估被考核者绩效水平的工具。图4-1是一张经常被用来作为示范的BARS图。

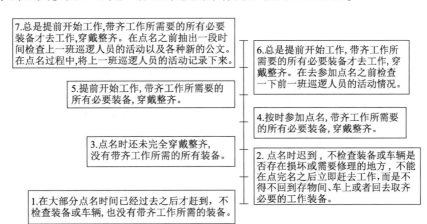

巡逻警官的绩效评价/评价维度：巡逻前的准备

图4-1　BARS图示例

（一）行为锚定等级考核法的特点

行为锚定等级考核法有以下特点：第一，这种量表一般由考评者自己开发；

第二，用考评者惯用的专业术语表达考评标准；第三，每个考评标准都由考评者用一些关键行为与事件来界定；第四，要求每个考评标准相互独立。

（二）行为锚定等级考核法的实施过程

（1）记录关键事件。通常由被考评者的直接上级记录下属员工在工作活动中特别优异或特别劣等的绩效。

（2）由主管或请专家把关键事件合并成为几个绩效要素，一般是5—10个，并对绩效要素的内容加以界定。

（3）对关键事件加以重新分配。由另外一组同样对工作比较了解的员工对原始的关键事件重新排列，即把关键事件放入他们认为最合适的绩效要素中去，这是为了更加公平合理地进行评价。一般认为，如果第二组50%以上的人与第一组的分配结果相同，关键事件的最后位置即可确定。

（4）对关键事件进行评定。由第二组人对关键事件中所描述的行为进行评定，以判断其能否有效地代表某一工作绩效因素所要求的绩效水平，也就是对关键事件进行等级评价。

（5）建立最终的工作绩效评价体系。对每一个要素而言，都会有一组关键事件作为其"行为锚"。最后将全部要素的绩效评价结果相加可得出某一员工总的评价结果。

（三）行为锚定等级考核法的优缺点

行为锚定等级考核法的优点有：① 评价标准更加明确。每个行为等级都有其锚定的关键事件，这比一般评价中的"好中差"的空泛说明更具体；也能够让被考评者了解自身的现状，并找到具体改进的目标，更容易开展以后的工作。② 各评价要素相互独立性较强，有利于避免评价中的某些误差，如晕轮效应（考核者因员工的某个要素突出而在考核其他要素时全给高分或全给低分的一种现象）、近期效应（考核时只注重考核近期内的表现）及考核者的偏见等。③ 易于使用。由于行为是明确定义的，因此管理者及其员工无须广泛地解释或培训即可理解它们。对于考核结果，管理者也不必花很多时间写冗长的叙述来证明评级是合理的。

行为锚定等级考核法的不足有：① 实现较为复杂。尽管许多职位在软技能等方面都具有相似之处，但每个职位还是存在需要分析的不同行为指标。组织必须为每种行为开发、检查和校准不同的评级表。② 管理成本较高。开发行为锚定等级考核法可能需要行业心理学家或人力资源专家的参与建议，以保证评级表的科学性、专业性，并且评级表需要定期更新。③ 适用性不够。行为锚定等级考核法所列出的关键事件不可能涵盖员工各种各样的表现，或刚好与其表现相一致。

三、行为观察法

行为观察法（Behavior Observation Scale，BOS），又称行为观察评价法、行为

观察量表法、行为观察量表评价法。行为观察法是在关键事件法的基础上发展起来的，与行为锚定等级考核法大体接近，只是在表的结构上有所不同。此方法不是首先确定工作行为处于何种水平上，而是确认员工某种行为出现的频率，它要求评定者根据某一工作行为发生频率或次数的多少来对被评价者打分。它是列举出评估指标（通常是期望员工工作中出现的比较好的行为），然后要求评估者在观察的基础上将员工的工作行为同评价标准进行对照，看该行为出现的频率或完成的程度如何（从"几乎没有"到"几乎总是"）的评估方法。如图 4-2。

```
评定管理者的行为
    5 表示     95%—100%都能观察到这一行为
    4 表示     85%—94%都能观察到这一行为
    3 表示     75%—84%都能观察到这一行为
    2 表示     65%—74%都能观察到这一行为
    1 表示     0—64%都能观察到这一行为
    NA 表示    从来没有这一行为
克服变革的阻力
    (1) 向下级详细地介绍变革的内容
    (2) 解释为什么变革是必须的
    (3) 讨论变革为什么会影响员工
    (4) 倾听员工的意见
    (5) 要求员工积极配合、参与变革工作
    (6) 如果需要，经常召开会议听取员工的反映
    6—10分：未达到标准；11—15分：勉强达到标准；16—20分：完全达到
标准；21—25分：出色达到标准；26—30分：极优秀
```

图 4-2　行为观察量表示例

（一）行为观察法的实施步骤

第一步，运用关键事件分析法进行职务分析。对既了解职务的性质、目的，又能经常观察到这项职务的人员，通过会谈法了解他们所观察到的职务的操作情况。可以是一对一谈话，亦可以是集体谈话。职务分析专家要求观察者描述职务操作行为中的有效和无效事件，一般至少要求 30 人进行大约 300 个事件的描述。例如，服务态度不好被具体描述为"与顾客争吵""把顾客的食物或饮料弄洒而没有向顾客道歉"等。

第二步，对关键事件依照行为归类。例如，两个或多个观察者都描述了饭店服务人员要回答顾客对菜单的一些特殊问题，那么这些就应归入"回答顾客对菜单提问"的行为项目中。

第三步，把类似的行为项目归类成 BOS 标准。在这一步骤中，行为项目通常被归为 3—8 个 BOS 标准。

第四步，评价内部判断的一致性。内部判断的一致性是考察不同个体对同一关键事件的评价是否归入同一行为标准中。把事件随机顺序呈现给另一些职务观察者，比较他们是否按上述步骤所确定的 3—8 个 BOS 标准把事件做了相同的归类。

第五步，评价内容效度。在对关键事件进行归类时，大约有10%的事件没有归入行为项目中。这时，还应再考虑这些事件是否描述了没有列出的行为项目，或是否可以列入已列出的行为项目中。

第六步，构造评定量表。把每一个行为项目与一个李克特五点量表连接起来，要求观察者指出其所观察员工的每一行为出现的频度。

第七步，去掉次数过少和过多的项目。有些行为对员工而言，是经常出现或是很少出现的，这类不具有鉴别意义的项目需去除。

第八步，确定BOS量表的可信度及各个BOS标准的相对重要程度。

（二）行为观察法的优缺点

行为观察法的优点：① BOS是通过使用者提供的数据建立起来的，并用于使用者，可以使评估者和使用者都更舒服、更愿意接受评估和反馈结果。② BOS明确指出了一项特定的工作所要求的全部工作行为，可以据此建立工作说明书，或者对工作说明书进行很好的补充。③ BOS鼓励主管与员工针对员工的长处和缺点进行有意义的讨论，因此对企业建立明确的绩效反馈系统有很大帮助。④ BOS具有较高的内容效度，信度和效度标准也能达到较高的水平。

行为观察法的不足：① BOS的结果很大程度上取决于观察者的主观判断，因此可能存在误差和偏见。② BOS只能观察到被观察者的表面行为，而无法观察到其内心感受和思想。③ BOS需要对被观察者进行长时间的观察和记录，因此时间和资源成本较高，并且不适用于跟踪大型团队中员工的行为。

（三）行为观察法示例

无论是BARS还是BOS量表的开发，在开发过程中都要遵循以下原则：行为描述性原则（可观察、可体验）；综合性原则（不要划分过细）；关键性原则（针对被考核职位的关键胜任要素）；可操作性原则（可以用来清晰地衡量员工的绩效）；定量性原则（能够分出等级，进行打分）；反馈性原则（评价指标和评价结果容易向员工反馈）；行为描述性原则（可观察、可体验）。

企业考核过程中经常需要用到一些行为指标，它们可为BARS和BOS量表设计提供参考，如下所示：

1. 发生迟到、早退、脱岗、串岗现象，车间检查每次扣当事人3分，公司查处每次扣当事人5分，每月累计3次扣全月奖金。除迟到外，其他情况扣班长2分。

2. 打架、斗殴、闹事扣责任人全月奖金，扣班组5分，扣车间分管领导3分。

3. 公共场所吸烟、乱扔杂物扣责任人2分，扣责任区分管班组1分。

4. 上班期间严禁饮酒，发现一次扣当事人10分，饮酒闹事一次扣20分，情节严重者报车间考核处理。

5. 工作期间干私活、打扑克、下棋、玩计算机游戏、上网聊天每次扣责任人2分，扣考核班长1分。

6. 故意损坏公物1 000元以下扣责任人5分，1 000元以上扣责任人当月奖金。

7. 工作室个人桌面上的物品，要求人离开桌子必须按规定位置摆放，未按要求摆放的，发现一次扣1分。

8. 个人卫生每天按卫生区进行清扫（包括地面、窗台、围墙、桌面、橱柜、厕所、楼梯、扶手），打扫不干净扣1分。

9. 不按规定履行请假手续每次扣责任人2分，扣班长1分。

10. 手机保持开通，手机不通误事者，每次扣5分。

11. 无故不参加各类会议和集体活动，每次扣2分，有病、有事请假扣1分。

12. 旷工扣责任人当月奖金。

13. 不服从工作分配扣10分，出工不出力、影响他人工作的扣5分，情节严重者，报车间考核处理。

14. 发生违纪行为责任人内部下岗，扣班组5分，扣班长3分，扣车间分管领导1分，扣责任区党员1分。

15. 发生影响安定团结的事件按照车间考核通报执行考核，扣车间分管领导3分，扣责任区党员1分。

16. 发生影响公司、车间声誉的事情按照车间考核通报执行考核，扣车间分管领导3分，扣责任区党员1分。

17. 发生党、团员违纪事件按照车间考核通报执行考核，扣车间分管领导3分，扣责任区党员1分。

18. 关心本部门工作，提出对部门工作有实际意义的合理化建议被部门采纳者加3分。

19. 好人好事视情节加1—3分。

20. 全年未发生违反行为规范考核的部门一次性奖励10分。

21. 及时发现、制止部门成员违反行为规范者加1分。

22. 经上级主管批准加班者，每小时加1分。

第三节 特质导向考核方法

特质导向（Trait Approach）考核方法比较强调绩效完成者个人的特征，这些特征相对集中在KASo中的知识、技术、能力和其他特征四个方面，如认知能力、人格特征等方面。通常认为这些特质在短期内是很难改变的，它们可以较好地预测员工未来的绩效水平。本节重点讲解胜任特征模型的评估方法。

20世纪60年代，胜任特征（Competence）的概念被提出，以帮助企业寻找那些与员工个人能力相关的并能够协助企业提高其绩效的因素。研究发现，胜任特征是持久地达成岗位绩效的最好判断因素。后来，美国心理学家斯宾塞（Spencer）对胜任特征的概念进行了界定，它是指能将某工作（或组织、文化）中有卓越成就者和表现平平者区分开来的个体的深层次特征，可以是动机、特质、自我形象、态度或价值观、某领域知识、认知和行为技能，即任何可以被可靠测量或计数的并且能将绩效优秀者和绩效一般者显著区分的个体特征。

一、胜任特征

胜任特征是知识、技能及职业素养的整合，它与绩效有关联，这些因素的整合引出的是可观察的和可测量的行为，且可以通过培训等手段得以改善。如知识是指员工为了顺利完成自己的工作所理解的东西，如专业知识、技术知识或商业知识等，它包括员工通过学习或以往的经验所掌握的事实、信息和对事物的看法。技能是指员工为实现工作目标，有效地利用自己掌握的知识而需要的技巧。能力是可以通过重复性的培训或其他形式的体验来逐步培养的。职业素养是指组织在员工个人素质方面的要求。职业素养是可以被教授、被学习或被加强的。胜任特征最有名的模型是洋葱模型，如图4-3：

图4-3 胜任特征的洋葱模型

二、胜任特征模型

胜任特征模型（Competency Model）是指承担某一特定的职位角色所应具备的

胜任特征要素的总和，即该职位角色表现优异的要求相结合构成的胜任特征结构。例如，对于成就导向这个胜任特征，首先要对它进行界定，它是指为自己及所管理的组织设立目标、提高工作效率和绩效的动机与愿望。个人希望出色地完成任务，愿意从事具有挑战性的任务。这类人在工作中有强烈的表现自己能力的愿望，不断地为自己设立更高的标准，努力不懈地追求事业上的进步。具体而言，它包括以下几个维度：① 自我愿景。有符合社会和企业利益的理想抱负，愿意为之实现而不懈努力，并能够承受困难与挑战，甚至牺牲眼前利益。② 内激励。成功的体验主要来源于做好工作本身所带来的乐趣，而不依赖于外在的荣誉和报酬。③ 行动性。对工作热情投入，乐于不断采取行动以推动事情进展，对出色完成任务、取得工作成果有强烈的渴望。④ 挑战性目标。不满足于现状，敢于冒险，毫不畏惧地为自己和组织设定挑战性的目标，不断追求超越自我，开发和调动潜能。⑤ 高标准。对人对事有比较严格的要求，愿意使事情更接近完美，并努力驱动自己和他人为了做得更好而继续努力。

在内涵及维度分析的基础上，专家可以开发形成图 4-4 所示的成就导向胜任特征描述。

成就导向胜任特征描述

级别	行为描述
A.目标的设定	
A.-1	没有优秀工作的标准。对工作没有特别的兴趣，只关注自己份内的事情。
A.0	关注工作任务本身。工作很辛苦，但绩效并不显著。
A.1	要把工作做好。试图把工作做好、做正确，但由于工作缺乏效率，绩效改进并不明显。
A.2	设法达成他人设定的标准。例如，管理层设定的各种标准(实现预算、完成销售额等)。
A.3	形成自己关于"绩优"的标准。例如，成本支出、质量等级、花费的时间等，但不具备太强的挑战性。
A.4	绩效改进。虽然没有设定具体的目标，但对整个系统或工作方法、工作流程实施了具体的变化或革新，以提高绩效。
A.5	设定具有挑战性的目标。设定并努力达成挑战性的目标，例如，在6个月内将销售额、产品质量或生产率提高15%等。
A.6	进行成本—收益分析。基于投入和产出分析做出资源配置、目标选择等方面的决策。
A.7	敢于承担一定的风险。面对未来的不确定性，在采取行动(如，进行市场调研)使风险最小化的情况下，敢于集中一定的资源或时间进行创新，改进绩效或达成挑战性的目标。
A.8	坚韧不拔。直面挫折，采取持久的行动，付出不断的努力。

图 4-4 成就导向胜任特征描述

三、胜任特征模型的开发

胜任特征模型的开发与设计主要包括图 4-5 所示的环节。

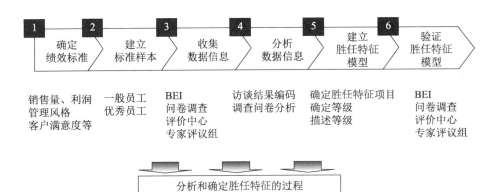

图 4-5 胜任特征模型开发与设计的主要环节

行为事件访谈（BEI）是最常用的开发胜任特征的方法，它是一种开放的、行为回顾式的探察技术，要求访谈对象回顾他们在工作中面临过的关键情境，详细地描述当时的情境和任务是怎样的，自己当时是怎样想的，感觉如何，想做什么，又做了什么，结果如何。行为事件访谈＝关键事件法＋主题统觉测验。胜任特征模型开发的行为事件访谈法关键应用点如图 4-6 所示。

- Situation情景/背景
- Task任务/目标
- Action行动
- Result结果

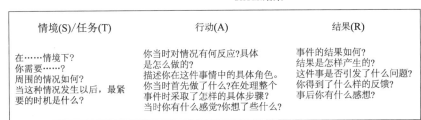

图 4-6 胜任特征模型开发的行为事件访谈法关键应用点

通过行为事件访谈法分析和确定能力素质的过程，主要有图 4-7 所示的几个环节。

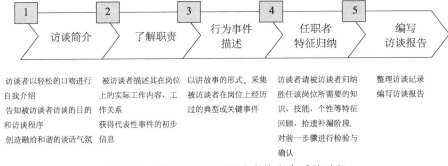

图 4-7 通过 BEI 分析和确定能力素质的过程

四、胜任特征模型的应用

胜任特征模型在绩效管理中的应用见图 4-8。

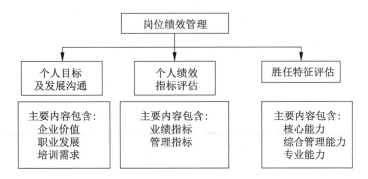

图 4-8　胜任特征模型在绩效管理中的应用

由上图可知,胜任特征可以作为岗位绩效管理指标体系的重要组成部分,基于胜任特征的绩效管理体系可以为员工能力提升奠定持续发展的基础,如图 4-9。

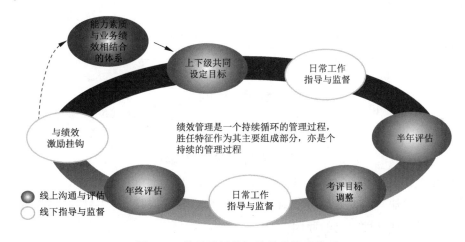

图 4-9　基于胜任特征的绩效管理体系

在绩效管理过程中,胜任特征模型经常被用来设计各个岗位的能力素质考核指标。员工胜任特征模型的优点是将无形且复杂的能力用量化的方式表示出来,并且信度和效度较高,但设计过程复杂,需要投入很多精力。所以很多企业在应用胜任特征模型的过程中,经常将它简化,应用也更为高效便捷。如表 4-6。

表 4-6 中层管理人员素质能力考评表

部门		姓名		岗位	
素质能力考评					
考评项目	考评要点				评分（K_1）	
知识技能	专业知识、业务知识、工作经验与工作技能				1 2 3 4 5	
组织执行	对部室工作的计划、组织、推行、监控能力				1 2 3 4 5	
沟通协调	与不同员工进行有效沟通的能力，与不同部门协同工作、解决问题的意识与行动				1 2 3 4 5	
表达能力	管理工作中体现出的口头与书面表达能力及水平				1 2 3 4 5	
管理创新	推进管理创新（制度建设、管理改进提案、技术创新）、倡导部室工作的绩效改进情况				1 2 3 4 5	
团队建设	集体意识与团结协作精神，关心下属的职业发展，指导业务开展；同下属进行绩效沟通并帮助制订绩效改进计划情况				1 2 3 4 5	
职业素养	工作响应的速度与工作态度，接受与完成上级安排的其他工作任务情况；自我学习能力与工作绩效改进情况；承受工作挫折与敢于承担工作责任等情况				1 2 3 4 5	
品　　质	为人正直诚实，处事客观公正；虚心、尊重别人、廉洁自律				1 2 3 4 5	
考评成绩	$S = \sum K_1 \div 40 \times 100 =$				
简要评语					
备　注					

本章案例

是目标管理毁了索尼吗？

从发生"索尼冲击"的两年前开始，公司内的气氛就已经不正常，身心疲惫的职工急剧增加。不少索尼员工对发生的这些感到难以接受，一位高层管理人员道出了索尼出现这种状况的原因。

一是"激情集团"消失了。所谓"激情集团"，是指在公司早期参与开发 CD 技术时期，公司中那些不知疲倦、全身心投入开发的集体。在创业初期，这样的"激情集团"接连不断地开发出了具有独创性的产品。这位高层管理人员认为，索尼当初之所以能做到这一点，是因为有井深的领导。

井深最让人佩服的一点是，他能点燃技术开发人员心中之火，让他们变成为技术献身的"狂人"。在刚刚进入公司时，不少普通员工曾和井深进行过激烈争论。井深对新人并不是采取高压态度，而是尊重他们的意见。

从事技术开发的团体进入开发的忘我状态时，就成了"激情集团"。要进入这种状态，其中最重要的条件就是"基于自发的动机"的行动，如"想通过自己的努力开发机器人"就是一种发自自身的冲动。

与此相反的就是"外部的动机",如想赚钱、升职或出名,即想得到来自外部回报的心理状态。如果没有发自内心的热情,而是出于"想赚钱或升职"的世俗动机,那是无法成为"开发狂人"的。

二是"挑战精神"消失了。今天的索尼职工好像没有了自发的动机。为什么呢?因为实行了绩效主义。绩效主义即业务成果和金钱报酬直接挂钩,职工是为了拿到更多报酬而努力工作。如果外在动机增强,那么自发动机就会受到抑制。

如果总是说"你努力干我就给你加工资",那么"以工作为乐趣"这种内在的意识就会受到抑制。从1995年左右开始,索尼公司逐渐实行绩效主义,成立了专门机构,制定非常详细的评价标准,并根据对每个人的评价确定报酬。

为衡量业绩,首先必须把各种工作要素量化。但是工作是无法简单量化的。公司为统计业绩,花费了大量的精力和时间,而在真正的工作上却敷衍了事,出现了本末倒置的倾向。因为要考核业绩,几乎所有人都提出容易实现的低目标,可以说索尼精神的核心即"挑战精神"消失了。因为实行了绩效主义,索尼公司内部追求眼前利益的风气不断蔓延。

索尼公司不仅对每个人进行绩效考核,还对每个业务部门进行经济考核,由此决定整个业务部门的报酬。最后导致的结果是,业务部门相互拆台,都想方设法从公司的整体利益中为本部门多捞取好处。

三是团队精神消失了。公司一位高层员工在美国见到了"涌流理论"的代表人物契克森米哈教授,并聆听了他的讲演。讲演一开始,大屏幕上放映的一段话是他自进入索尼公司以来多次读过的,只不过被译成了英文:"建立公司的目的:建设理想的工厂,在这个工厂里,应该有自由、豁达、愉快的气氛,让每个认真工作的技术人员最大限度地发挥技能。"这正是索尼公司的创立宗旨。

他没有想到在绩效主义的发源地美国,聆听用索尼的创建宗旨来否定绩效主义的"涌流理论"。绩效主义企图把人的能力量化,以此做出客观、公正的评价。但是它的最大弊端是搞坏了公司内的气氛。上司不把部下当有感情的人看待,而是一切都看指标,用"评价的目光"审视部下。

过去在一些日本企业,即便部下做得有点出格,上司也不那么苛求,工作失败了也敢于为部下承担责任。尽管部下在喝酒的时候说上司的坏话,但在实际工作中仍非常支持上司。后来强化了管理,实行了看上去很合理的评价制度。于是大家都竭力逃避责任,这样一来就不可能有团队精神。

问题:

1. 请你谈谈对目标管理的理解。
2. 你怎么看待索尼的绩效管理问题?

第五章 基于结果的绩效管理工具

调查表明,世界上70%的企业应用的是以结果为导向的绩效管理工具,这类工具的特征符合绩效管理特别强调量化的要求,而且客观性较强,所以尽管会花费较多时间和精力,但仍在现代组织中得以广泛应用。这种类型的工具主要有目标管理法、关键绩效指标(KPI)、平衡计分卡、关键与目标结果法(OKR)等方法。

第一节 目标管理法

一、目标管理的含义

目标管理(Management by Objectives,MBO)源于美国管理学家德鲁克。在本书中,目标管理是指由下级与上级共同决定具体的绩效目标,并且定期检查目标完成情况的一种管理方式,由此而产生的奖励或处罚根据目标的完成情况来确定。MBO不是用目标来控制,而是用它们来激励下级。MBO通常有四个共同的要素,它们是明确目标、参与决策、规定期限和反馈绩效。MBO通过一种专门设计的过程使目标具有可操作性,这种过程一级接一级地将目标分解到组织的各个单位。组织的整体目标被转换为每一级组织的具体目标,即从整体组织目标到经营单位目标,再到部门目标,最后到个人目标。在此结构中,某一层的目标与下一级的目标连接在一起,而且对每一位工作人员而言,MBO都提供了具体的个人绩效目标。

二、目标管理的特点

目标管理是以Y理论为基础的,即认为在目标明确的条件下,人们能够对自己负责。在具体方法上,它是泰勒科学管理的进一步发展。与传统管理方式相比,目标管理有鲜明的特点,可概括为以下几点。

(一）全员参与，双向沟通

目标管理是一种参与式的、自我控制的管理制度，也是一种把个人需求与组织目标结合起来的管理制度。在这一制度下，上级与下级是平等、尊重、依赖和支持的关系，下级在承诺目标和被授权之后是自觉、自主和自治的。

(二）建立目标锁链与目标体系

目标管理通过专门设计的过程，将组织的整体目标逐级分解，转换为各单位、各员工的分目标，即从组织目标到经营单位目标，再到部门目标，最后到个人目标。在目标分解过程中，权、责、利三者已经明确，而且相互对称。这些目标方向一致，环环相扣，相互配合，形成协调统一的目标体系。只有每个人完成了自己的分目标，整个企业的总目标才有完成的希望。

(三）强调量化，重视成果

目标管理以制定目标为起点，以目标完成情况的考核为终结。工作成果是评定目标完成程度的标准，也是人事考核和奖评的依据，是评价管理工作绩效的唯一标准。至于完成目标的具体过程、途径和方法，上级并不过多干预。所以，在目标管理制度下，监督的成分很少，而控制目标实现的能力却很强。

(四）持续改进

目标管理的另一个显著特点是它强调员工绩效目标要有挑战，但这种挑战又不能过高，这样可以让员工既有挑战性，又不挫伤其积极性。

目标管理的这些特征可以保证每位员工都会对他所在的单位做出贡献，如果所有人都实现了他们各自的目标，则其所在单位的目标也将达到，从而组织整体目标的完成也将成为现实。

三、目标管理的流程

目标管理的流程主要包括以下环节：

第一，制定目标。制定目标包括制定企业的总目标、部门目标和个人目标，同时要制定完成目标的标准，以及达到目标的方法和完成这些目标所需要的条件等多方面的内容。

第二，目标分解。建立企业的目标网络，形成目标体系，通过目标体系把各个部门的目标信息显示出来，就像看地图一样，任何人一看目标网络图就知道工作目标是什么，遇到问题时需要哪个部门来支持。

第三，目标实施。要经常检查和控制目标的执行情况及完成情况，看看在实施过程中有没有出现偏差。

第四，检查实施结果及奖惩。对目标按照制定的标准进行考核，目标完成的质量可以与个人的晋升挂钩。

第五，信息反馈及处理。在考核之前，还有一个很重要的问题，即在进行目标控制的过程中，会出现一些不可预测的问题。如目标是年初制定的，年尾发生了金融危机，那么年初制定的目标就不能实现。因此在进行考核时，要根据实际情况对目标进行调整和反馈。

四、目标管理的优缺点

目标管理的优点有：① 目标管理对组织内易于度量和分解的目标会带来良好的绩效。对于那些在技术上具有可分性的工作，由于责任、任务明确，目标管理常常会起到立竿见影的效果。② 目标管理有助于改进组织结构的职责分工。③ 目标管理强调授权，可以激发员工的主动性、积极性和创造性。

目标管理的缺点主要有：① 目标量化过程比较复杂，且很多时候难以量化。但目标管理强调不能量化就不要管理，所以很多隐性的管理实践在目标管理中考核难度增加，会阻碍诸如企业文化、员工士气等方面的发展或提高，因为这些方面的管理往往难以量化。② 目标讨论的过程会比较花费时间和成本，特别是在隧道视野比较高的情况下，每个单位、每个人都只关注自身目标的完成，很可能忽略了相互合作和组织目标的实现。③ 目标管理容易导致机会主义和短期主义。

第二节 关键绩效指标法

一、关键绩效指标法的含义

关键绩效指标法（Key Performance Indicator，KPI）是通过对组织内部流程输入端、输出端的关键参数进行设置、取样、计算、分析，衡量流程绩效的一种目标式量化管理指标，是把企业的战略目标分解为可操作的工作目标的工具。关键绩效指标可以使部门主管明确部门的主要责任，并以此为基础，明确部门人员的业绩衡量指标。建立明确且切实可行的关键绩效指标体系，是做好绩效管理的关键。

二、关键绩效指标法的特点

关键绩效指标法的特点有：

（1）来自对公司战略目标的分解。这首先意味着关键绩效指标所体现的衡量内容最终取决于公司的战略目标。当关键绩效指标构成公司战略目标的有效组成部分或支持体系时，它便以实现公司战略目标的相关部分作为自身的主要职责。其次意味着关键绩效指标是对公司战略目标的进一步细化和发展。关键绩效指标法发掘真正驱动公司战略目标实现的具体因素，具体体现公司战略对每个职位工作绩效的要求。最后一层含义是，关键绩效指标随公司战略目标的发展与演变而调整。

（2）关键绩效指标是对绩效构成中可控部分的衡量。企业经营活动的效果是内因和外因综合作用的结果，其中内因是各职位员工可控制和影响的部分，也是关键绩效指标所衡量的部分。关键绩效指标应尽量反映员工工作的直接可控效果，剔除他人或环境造成的其他方面影响。例如，销售量与市场份额都是衡量销售部门市场开发能力的标准，而销售量是市场总规模与市场份额相乘的结果，其中市场总规模则是不可控变量。在这种情况下，两者相比，市场份额更体现了职位绩效的核心内容，更适于作为关键绩效指标。

（3）关键绩效指标是对重点经营活动的衡量，而不是对所有操作过程的反映。每个职位的工作内容都涉及不同的方面，高层管理人员的工作任务更复杂，但关键绩效指标只对其中对公司整体战略目标影响较大，对战略目标实现起到不可或缺作用的工作进行衡量。

（4）关键绩效指标是组织上下认同的指标。关键绩效指标不是由上级强行确定下发的，也不是由员工自行制定的，它的制定过程由上级与员工共同参与完成，是双方所达成的一致意见的体现。它不是以上压下的工具，而是组织中相关人员对职位工作绩效要求的共同认识。

关键绩效指标的考核体系与一般的绩效考核体系的区别可以通过表5-1来体现：

表5-1 关键绩效指标考核体系与传统绩效考核体系的区别

比较内容	基于KPI的绩效考核体系	传统的绩效考核体系
假设前提	假定人们会采取一切必要的行动努力达到事先确定的目标	假定人们不会主动采取行动以实现目标；假定人们不清楚应采取什么行动以实现目标；假定制定与实施战略与一般员工无关
考核的目的	以战略为中心，指标体系的设计与运用都是为了达成组织战略目标服务的	以为控制中心，指标体系的设计与运用来源于控制的意图，也是为了更有效地控制个人的行为服务
指标的产生	在组织内部自上而下对战略目标进行层层分解产生	通常是自下而上根据个人以往的绩效与目标产生的
指标的来源	基于组织战略目标与竞争要求的各项增值性工作产出	来源于特定的程序，即对过去行为与绩效的修正
指标的构成及作用	通过财务与非财务指标结合，体现关注短期效益兼顾长期发展的原则；指标本身不仅传达了结果，也传递了产生结果的过程	以财务指标为主，以非财务指标为辅，注重对过去绩效的考核，且指导绩效改进的出发点是过去绩效中存在的问题，绩效改进行动与战略需要脱钩

三、关键绩效指标法的指标分解流程

关键绩效指标非常强调指标的分解过程，在它看来，指标由战略而来，指标分解的过程也就是战略分解的过程。有效的指标分解过程是绩效管理系统执行公司战略的关键，所以绩效管理工作的重要组成部分就是分解指标的过程。流程如图 5-1 所示。

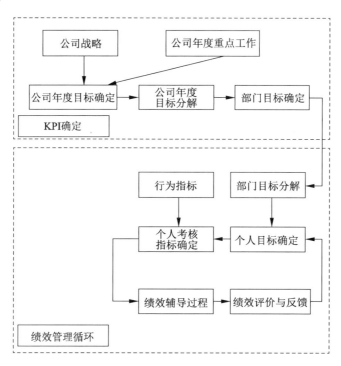

图 5-1　绩效管理指标分解流程图

由上图可知，绩效管理工作的一切都是围绕指标来进行的，它在绩效管理框架中处于核心地位。建立科学、合理的绩效指标体系是有效开展绩效考核等工作的前提。

（一）关键绩效指标的层次

由图 5-1 可知，公司层 KPI 直接来源于公司战略，部门 KPI 来源于公司战略和年度重点或改进工作。部门 CPI（公司基础管理指标）主要源于部门执行的基本职责。岗位 KPI 部分来源于部门 KPI，部分源于重点或改进工作。三个层次指标间关系如图 5-2。

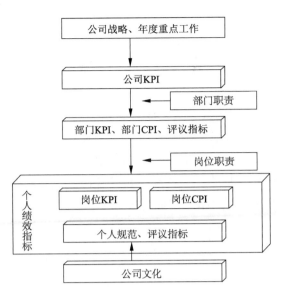

图 5-2 层级指标关系图

(二) 关键绩效指标的定义方法

关键绩效指标标准定义的方法主要是 QQTC 模型，即从质量（Quality）、数量（Quantity）、时间（Time）、成本（Cost）四个维度来确定标准。

(1) 质量即在规定条件下完成工作的质量，通常采用比率、及时性、满意度、准确性、达成率、完成情况、合格率、周转次数等表示。

(2) 数量即在规定条件下完成工作的数量，一般采用个数、时数、次数、人数、额度等表示。

(3) 时间即在规定条件下完成工作的时间。通常采用完成时间、批准时间、开始时间、结束时间、最早开始时间、最迟开始时间、最早结束时间、最迟结束时间等表示。

(4) 成本即在规定条件下完成工作所耗费的成本，通常采用费用额、预算控制等表示。

(三) 关键绩效指标常用的评价方法

关键绩效指标常用的评价方法有以下几种：

(1) 比率法：按相应的比率来计算绩效指标得分的方法，如计算公式：A/B×100%。

(2) 非此即彼法：指标结果只有两种可能，要么没有完成，要么完成；得分只有两种可能性，要么 0 分，要么满分。如变电设备大修、改造管理的计划完成率为 100% 即为优，小于 100% 即为差。

(3) 层差法：将考核结果分为几个层次，每个层次对应相应的分数。

(4) 加分/减分法：对不占权重的行为规范实行考核的一种方法，一旦发生，即按标准进行扣分。

（5）等级评价法：一种对定性指标进行评价的方法，通常定性评价的等级可以划分为3级、5级、7级或9级，一般选用5级或7级，等级评价法需要对定性指标设置等级进行描述。

（四）关键绩效指标体系的构建方法与过程

关键绩效指标体系通常采用画鱼骨图的方法来建立，其建立的基本思路是通过对组织战略的分析，找出组织获得成功的关键成功领域，再把关键成功领域层层分解为关键绩效要素。为了便于对这些要素进行量化考核和分析，必须将要素细分为各项指标，即关键绩效指标。如图5-3所示。

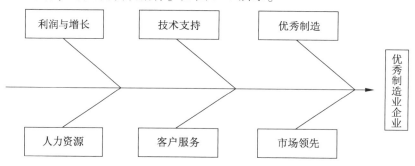

图5-3　某制造业企业关键成功领域的确定

设计一个完整的基于关键绩效指标的绩效指标体系通常包含如下六个步骤：确定关键成功领域、确定关键绩效要素、确定关键绩效指标、构建组织关键绩效指标库、确定部门KPI和CPI、确定个人KPI和CPI。其中，组织KPI的制定涉及关键绩效指标体系建立的前面四步，这四步是设计关键绩效指标体系的关键和核心内容。见图5-4。

图5-4　基于KPI的绩效指标体系建立步骤

四、关键绩效指标法的优缺点

关键绩效指标法的优点：① 有利于实现组织战略目标。一方面，关键绩效指标体系直接源于组织战略，有利于组织战略目标的实现。另一方面，使关键绩效指标体系与组织战略保持动态一致性，有助于确保在组织环境或战略发生改变时，关键绩效指标会相应地进行调整以适应组织战略的新重点，确保组织战略对绩效管理系统的动态化牵引，有利于提升绩效管理系统的适应性和操作性。② 有利于促成协调一致。个人关键绩效指标是通过对组织关键绩效指标的层层分解获得的，员工努力达成个人绩效目标就是帮助组织绩效实现的过程，也是助推组织战略目标实现的过程。因此,关键绩效指标有利于个人绩效与组织绩效的协调一致,实现组织与员工的共赢。③ 有利于抓住关键工作。关键绩效指标强调目标明确、重点突出、以少带多。关键绩效指标可以克服由于指标庞杂、工作重点不明确而导致关键工作受忽视或执行不到位的现象。

关键绩效指标法的缺点:① 战略导向性不明确。关键绩效指标强调战略导向,但是具体的"战略"指的是公司战略、竞争战略还是职能战略,并没有明确指出。另外,关键绩效指标没有关注组织的使命、核心价值观和愿景,这种战略导向是不够全面的,也缺乏战略检验和调整的根本标准。② 对绩效管理系统的牵引方向不明确。各关键绩效指标之间相对独立并且缺乏明确的因果关系,可能导致关键绩效指标对员工行为的牵引方向不一致。关键绩效指标对资源配置的导向作用不明确,容易导致不同部门和不同员工在完成各自绩效指标的过程中,对有限的资源进行争夺或重复使用,造成不必要的耗费和损失。③ 过于关注结果,忽视对过程的监控。科学高效的绩效管理系统不仅需要关注最终的结果,还需要对实现路径予以监控和管理,从而保障组织获得持续稳定的高绩效。

不论如何,善用关键绩效指标考评组织,把清晰的战略置于绩效管理的核心,将有助于形成组织对员工的激励约束机制,促进组织和员工绩效的提升。

第三节 平衡计分卡法

一、平衡计分卡的起源

哈佛大学教授卡普兰和全球复兴公司总裁诺顿在 1990 年针对美国 12 家制造及服务业公司进行了一项为期一年的组织未来业绩评价制度研究计划。在研究过程中,他们发现有部分公司应用了由 ADI 公司最早于 1987 年就使用的一种计分卡制度。1987 年,ADI 公司开始考虑改变以往战略设计之后战略执行不到位的情形,为此公司高层希望能够将战略执行与日常管理相结合。公司改变以往只评价经理人财务业绩的方法,在经理人的业绩指标体系中加入了包括客户服务、内部生产流程和新产品发展等几个类别的指标。公司希望通过非财务指标的引入来改变以往战略执行过程监控不力的局面。卡普兰在给 ADI 公司提供咨询时发现和认识到这种制度的重要价值,并把它加以文本化,再通过自己的思考把 ADI 公司的计分卡进行内部逻辑化,在此基础上形成了平衡计分卡的雏形。

二、平衡计分卡的构成

卡普兰和诺顿在 ADI 等公司案例研究的基础上,于 1992 年在《哈佛商业评论》上发表了一篇针对 12 家公司业绩管理的研究论文"The Balanced Scorecard: Measures That Drive Performance"。这篇论文第一次提出了平衡计分卡的概念。在这篇文章中，卡普兰和诺顿认为，在今天，管理是一个组织的复杂性活动，要求管理者必须能同时从四个方面来考查企业业绩，即财务层面、客户层面、内部经营层面、学习和创新层面。

（一）财务层面

其目标是解决"股东如何看待我们？"这一问题，财务目标为计分卡的所有其他方面的目标和衡量提供了焦点。财务绩效衡量层面显示公司的战略及其实施和执行是否正在为最终经营成果的改善做出贡献。财务目标一般涉及获利能力，其衡量标准如经营所得、利用资本回报率或经济附加值等较新的标准，替代性财务目标包括销售额的迅速提高或现金流动的生成。见表5-2。

表 5-2 财务指标构成

第一层指标	第二层指标	第三层指标
财务指标	盈利指标	净资产收益率
		总资产报酬率
		资本保值增值率
		销售利润率
		成本费用利润率
	资产营运	总资产周转率
		流动资产周转率、存货周转率
		应收账款周转率
		不良资产比率
	偿债能力	资产负债率
		流动比率
		速动比率
		现金流动负债比率
	增长能力	销售增长率
		资本积累率
		总资产增长率
		三年利润平均增长率
		三年资本平均增长率
		固定资产更新率

（二）客户层面

其目标是解决"顾客如何看待我们？"这一问题，它确认了单位竞争的客户和市场，包括客户满意度、客户保持率、客户增加率、客户获利能力，以及在目标市场上所占的份额。客户层面使经营单位的管理者们能够明了依据客户和市场情况而制定的战略，从而取得未来优良的财务回报。见表5-3。

表5-3 客户指标构成

第一层指标	第二层指标	第三层指标
客户指标	成本	客户购买成本
		客户销售成本
		客户安装成本
		客户售后服务成本
	质量	质量控制体系
		废品率
		退货率
	及时性	准时交货率
		产品生产周期
	客户忠诚度	客户回头率
		流失客户人数
		挽留客户成本
	吸引新客户能力	新客户人数
		新客户比率
		吸引客户成本
	市场份额	占销售总额的百分比
		占该类总产品百分比

（三）内部经营层面

其目标是解决"我们擅长什么？"这一问题，报告企业内部效率，关注导致企业整体绩效更好的过程、决策和行动，特别是对客户满意度有重要影响的企业流程。经营流程的关注使经营单位获得如下能力：提出价值建议，以吸引和留住目标市场上的客户；满足股东对出色财务回报的期望。这一方面揭示了传统方法和计分卡方法在衡量绩效上的两个根本的差异：计分卡注重全新的生产过程（传统的则注重改善现有过程）；计分卡还把创新过程引入内部经营过程（传统的则注重提供现有的产品和服务）。这一过程的评估涉及成本、质量、生产能力和生产时间等评估手段。见表5-4。

表 5-4 内部经营指标构成

第一层指标	第二层指标	第三层指标
内部经营指标	创新过程	研究与开发占总销售额的比例
		研究与开发投入回报率
		新产品销售收入百分比
		研发设计周期
	运作过程	单位成本水平
		管理组织成本水平
		生产线成本
		顾客服务差错率
		业务流程顺畅
	售后服务过程	服务成本
		技术更新成本
		顾客投诉响应时间
		订货交货时间
		上门服务速度

(四) 学习和创新层面

其目标是解决"我们是在进步吗?"这一问题,确认了组织要长期成长和改善就必须建设的基础设施。组织的学习和创新有三个主要来源:人才、系统和组织程序。见表 5-5。

表 5-5 学习和创新指标构成

第一层指标	第二层指标	第三层指标
学习和创新指标	员工素质	员工的知识结构
		人均脱产培训费用
		人均在岗培训费用
		年培训时数
		员工平均年龄
	员工生产力	人均产出
		人均专利
		客户对员工的认知度
	员工忠诚度	员工流动率
		高级管理、技术人才流失率

续表

第一层指标	第二层指标	第三层指标
学习和创新指标	员工满意度	员工满意度
		员工获提升比率
		管理者的内部提升比率
	组织结构能力	评价和建立沟通机制费用
		协调各部门行动目标费用
		有效沟通评估
		团队工作有效性评估
		传达信息或接受反馈的平均时间
	信息系统	软硬件系统的投入成本
		拥有个人计算机的员工比例
		软硬件系统更新周期

三、平衡计分卡中的因果关系

平衡计分卡不是上述四个层面的简单相加,这四个层面应当具备内在因果逻辑关系,最好的计分卡不仅是重要指标或重要成功要素的集合,而且还应当包括一系列相互联系的因果链条,因果链条应当布满平衡计分卡的这四个层面。这条因果链如图5-5所示。

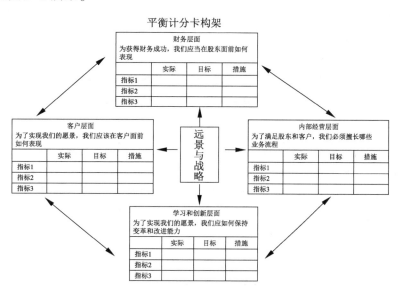

图5-5 平衡计分卡四个层面的内在关联图

平衡计分卡通过四个层面的因果联系，保证了组织发展的系列平衡性，主要包括：① 在长期与短期目标之间；② 在外部计量（股东和客户）和关键内部计量（内部流程/学习和成长）之间；③ 在所求的结果和这些结果的执行动因之间；④ 在强调客观性测量和主观性测量之间。

（四）平衡计分卡的实施过程

平衡计分卡的实施主要包括以下环节：

（1）简洁明了地确立公司使命、愿景与战略。

（2）成立实施团队，解释公司的使命、愿景与战略。

（3）在企业内部各层次展开宣传、教育、沟通。

（4）建立财务、客户、内部经营、学习和创新四类具体的指标体系及评价标准。

（5）数据处理。根据指标体系收集原始数据，通过专家打分确定各个指标的权重，并对数据进行综合处理、分析。

（6）将指标分解到企业、部门和个人，并将指标与目标进行比较，发现数据之间的因果关系。以部门层面的平衡计分卡作为范例，各部门把自己的战略转化为自己的平衡计分卡。在此过程中要注意结合各部门自身的特点，在各自的平衡计分卡中应有自己的独特的、不同于其他部门的目标与指标。

（7）预测并制订每年、每季、每月的绩效衡量指标具体数字，并与公司的计划和预算相结合。

（8）将每年的报酬奖励制度与经营绩效平衡表相结合。

（9）实施平衡计分卡，进行月度、季度、年度监测和反馈实施的情况。

（10）不断采用员工意见修正平衡计分卡指标并改进公司战略。

（五）对平衡计分卡的批判

尽管平衡计分卡被广泛应用于绩效管理、战略执行和控制过程中，但理论界也对它进行了批判。例如，有学者对平衡计分卡的指标数量进行了批判，平衡计分卡一般涉及企业的四个层面，它存在着众多的指标，卡普兰认为一个合适的平衡计分卡应该包括 20 个左右的指标。为此，部分学者提出平衡计分卡中多样性的绩效指标可能导致混淆，缺乏中心。而且短期指标与长期指标之间可能存在冲突，一个好的业绩评估系统指标应当是少的，而且这些指标之间必须是相互独立或可以替换的。

第四节 目标与关键结果法

一、目标与关键结果法的定义

目标与关键结果法简称 OKR，OKR 是目标（Objectives）和关键结果（Key Results）的英文缩写，合起来就是目标与关键结果（Objectives and Key Results）。DKR 是根据企业管理理念和实践进行经验总结，可以明确和跟踪目标及其完成情况的一种管理工具和方法。

具体来说，O 是对驱动组织朝期望方向前进的定性追求的一种简洁描述。它主要回答的问题是："我们想做什么？"一个好的目标应当是有时限要求的、能激发团队达成共鸣的。KR 是一种定量描述，用于衡量指定目标的达成情况，回答"我们如何知道自己是否达成了目标的要求？"或"我们如何可以达成目标？"类似的问题。图 5-6 为团队层面的目标关键结果法示例。

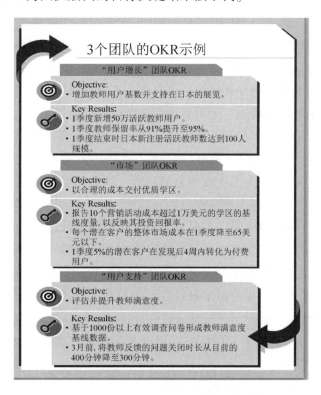

图 5-6 团队层面的 OKR 示例

二、目标与关键结果法的特点

（一）目标与关键结果法是结构化的目标设定系统

用目标与关键结果法设定的目标，有两个组成部分：O（想要什么？）+ KR（如何实现？如何衡量是否完成？）。这就是用目标与关键结果法设定的目标的标准结构。目标与关键结果不是随意的结合，而是具有严谨的逻辑关系。通常可以用 a.m.b（as mesured by）来表达："I will achieve（Objective），as measured by（Key Results）."即我将达到（目标），通过（关键结果）强调衡量。对于 a.m.b，可以做以下两种理解：一是我希望达到（目标），通过（关键结果1至关键结果5）来实现。关键结果是实现目标的关键策略或措施的度量。二是我希望达到（目标），通过（关键结果1至关键结果5）来衡量。关键结果是衡量目标是否实现的关键指标。

（二）目标与关键结果法是聚焦思维

聚焦的前提和基本假设是：组织的资源是有限的，无法实现所有的目标和要求，所以组织需要做抉择，以实现资源的最大化利用。目标与关键结果法的聚焦体现在：O（什么是最优先的目标？）+ KR（对于目标，什么是最关键的？）。通过梳理目标与关键结果，管理者识别到最重要的目标，从而协调全公司专注于最有价值的事情上，最有效地利用资源。

（三）目标与关键结果法是组织、团队和个人协同的思维

"如何确保组织目标落地"一直是组织最关注的问题。首先，上级的 KR 会成为下级的 O；上级的 KR，在下级都能找到对应的责任分解和承担。这种分解，不同于传统的量化分解，其不仅关注"数字"，更关注为完成"数字"所需要做的贡献。其次，在实践中，为了完成各自的目标，组织中各部门通常会产生"本位主义"。这可能是忽视了部门间的横向协同而导致的。目标与关键结果法不仅强调纵向分解，同时强调横向协同，实现"上下左右对齐"，以保证实现组织最高层的目标关键结果。最后，不仅要从上至下进行目标制定和分解，还要从下至上进行目标管理。自上而下的任务派发会使员工缺乏思考和沟通的过程，而在目标与关键结果法下，员工有自主权去制定有挑战性的目标，能够激发和产生出一些意想不到的新想法和结果。同时，只有责任者自身认同组织目标，才能真正实现协同，而不是形式上的协同。综上，目标与关键结果的协同，是从上至下、从下至上、横向之间的360度协同。

（四）目标与关键结果法是敏捷工作法

敏捷的工作方法包含着以下显著特征：客户导向、数据导向、开放信息、持续跟踪、快速迭代等。与任务导向、职能导向不同，客户导向指将客户价值放在

首位。在设定目标过程中,目标与关键结果关注对客户的价值和意义。关键结果不仅是对任务的衡量,更关注任务的效果,体现了目标与关键结果法的客户导向。目标与关键结果法依据一定的逻辑进行制定,这些逻辑必须通过数据进行验证。

三、目标与关键结果法的实施

目标与关键结果法的落地分为以下阶段。

(一)计划阶段

在组织或者公司中实施目标与关键结果法,确定参与对象和人数至关重要。通常,根据组织具体业务情况,可以有以下几种方式:一是仅在公司层面实施;二是在公司层面和业务单元、团队层面都开展;三是在整个组织实施;四是仅在业务单元、团队层面进行试点;五是在项目中实施。

仅在公司层面实施目标与关键结果法对于很多组织来说可能是最合理的选择。从公司最高层开始实施可以清晰地传递组织最关注的是什么,同时也代表管理团队展现了组织承诺和责任,可以为以后在更低层级组织的实施提供方法与借鉴。这样做可以让公司快速平滑地切换到目标与关键结果上来,同时也给员工一定时间去理解这个概念。如表5-6所示。

表5-6 公司年度战略目标与关键结果法模板

序号	目标(O)	关联	信心指数	关键结果(KR)	完成日期
1				KR1:	
				KR2:	
				KR3:	
				KR4:	
2				KR1:	
				KR2:	
				KR3:	
				KR4:	
3				KR1:	
				KR2:	
				KR3:	
				KR4:	

第二种方式是在公司层面和业务单元、团队层面都实施目标与关键结果法。这里的业务单元、团队指的是直接向高管汇报的那层组织。在操作中,公司和业

务单元、团队层面的目标与关键结果法并非同时开展，而是首先制定公司层面的目标与关键结果，在它被广泛沟通后，业务单元、团队才制定自己的目标与关键结果，以体现目标的一致性。

在公司层面、业务单元及个人层面都实施目标与关键结果法，必须确保从上到下一致。在某个层级成功实施目标与关键结果法后，则可进一步推动其在更大范围内的应用，直至整个组织都完全接受目标与关键结果法并成为组织文化的一部分。

为了降低推行风险，一些组织可能会选择先在业务单元层面或功能部门层面进行试点。通过试点证实目标与关键结果理念的可推行性，从而吸引更多人加入试点行列。

最后一种形式是在组织最大的项目中首先推行目标与关键结果法。找出该项目的目标，然后预设相应的关键结果去跟踪项目并推动其成功完成。

（二）实施阶段

首先公司需要进行目标与关键结果法培训。我们可以将目标与关键结果法培训的概念延展一下，这个环节不仅要讲述这个模型的基础知识，还应该分享公司为什么现在选择应用目标与关键结果、其他公司的成功案例以及大家能从中受益什么。此外还需确定符合公司总体战略的主要目标，确定公司目标后，每个部门、团队和个人都应设定与公司目标一致的目标。随后，要确定实现目标需要达到的关键结果，即思考做哪些事，得到怎样的关键结果才能达成目标。最后分配职责并设定时间表，确保每个目标以及关键结果都有执行人和时间要求。

（三）评估阶段

根据考核周期，每周或每月组织复盘例会，探讨需要调整、改进的地方。图5-7为目标与关键结果法的复盘周报模板。

本周OKR进度 本周，关键结果取得了哪些进步？	下周计划 下周，我计划做几项重要任务？
障碍 是什么阻碍了OKR取得更大的进步？	方案 我们要做什么来改善OKR结果？

图5-7 目标关键结果复盘周报模板

（四）改进阶段

根据定期审查目标和关键结果的进展情况，设定下一阶段的目标和关键结果，并探讨如何实施。

综上，目标与关键结果法的实施步骤如图5-8所示。同时本书也给出了可供参考的目标与关键结果法实施的时间框架，如表5-7所示。

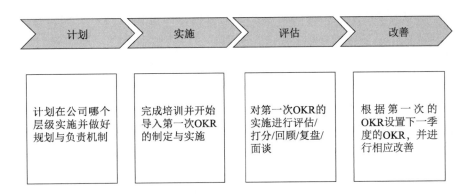

图 5-8　目标与关键结果法的实施步骤

表 5-7　目标与关键结果法实施的时间框架

年度	年度开始前1月		制定公司年度战略OKR
第一季度	季度开始前2周	制定团队季度OKR	定期跟踪检讨年度战略OKR
	季度开始前1周	制定员工季度OKR	
	季度第1周	OKR共识会	
	季度第2周	更新、发布OKR	
	季度每天	每日站会	
	季度每周	周会	
	季度每月	月例会	
	季度末	OKR评分	
	季度末	OKR复盘会	
第二季度	按第一季度方式继续		
第三季度	按第一季度方式继续		
第四季度	按第一季度方式继续		
年度	年度最后1月		公司年度战略OKR复盘

四、目标与关键结果法的优缺点

目标与关键结果法的优点有：① 目标与关键结果的实施过程透明化。目标与关键结果是全体成员共同参与制定的，完全公开透明，可以随时随地查阅任何一个成员的目标与关键结果。这种透明使得员工的具体工作任务和上层的目标以及公司战略有着直接关联，在透明的机制下，员工的成就感会更加强烈。② 目标的设置尊重员工的意见。员工的充分参与有助于促进员工主动执行，有助于让员工对待工作的态度由"要我做"变成"我要做"。③ 目标与关键结果剥离了员工的直接利益因素，其结果通常不直接和绩效工资挂钩。目标与关键结果法将组织的工作重心由"考核"转移到了"管理"，更强调员工的行为纠偏和能力提升，能够激发员工的创造力，带来团队和个人的快速成长。

目标与关键结果法的不足有：① 目标与关键结果的真正落地存在难度。要想使得公司能够正确积极地使用目标与关键结果法开展工作，首先要求大部分员工都掌握目标与关键结果法相关的概念、实施流程,而且相关的组织和实施人员需要有较全面的目标与关键结果法知识,所以部分企业很难真正落地实施。② 实施目标与关键结果法投入成本较高。目标与关键结果法的成功实施,需要团队中的每个人都了解其工作原理、实施原因以及评估工作的方式。这意味着公司领导层前期要进行大量的学习,并可能还需承担试错成本。③ 目标与关键结果法不把绩效结果与员工薪酬挂钩的做法是一把双刃剑。该法可以在一定程度上激励员工创新,但在有些情况下,这样的方法反而会让员工完成目标的动力不足。

本章案例

利用 KPI 和平衡计分卡进行战略分解,形成岗位指标的全景示例

一、公司介绍

X 供电公司直属于某电力集团公司,担负着市六县两区和 SL 油田两个采油区的供电任务。在职职工 686 人。代管和上划县(区)供电企业 7 个。直辖 110 千伏及以上变电站 16 座,变电总容量 196.6 万千伏安,110 千伏及以上输电线路 905 千米。电网最高日负荷 61.2 万千瓦,有 3 万余电力客户。公司电网逐步形成了以 500 千伏为支撑、220 千伏环网运行、110 千伏变电站双电源、双主变供电、重要用户多电源或双电源供电的现代化区域电网,供电可靠率达到 99.992%,综合电压合格率 99.87%。

公司 20××年至 20××年经营数据如表 5-8。

表 5-8　X 供电公司 20××—20××年经营数据

年度	售电量 /亿千瓦时	全社会 用电量 /千瓦时	市场 占有率	工业用 电量 /千瓦时	市场结构	平均电价 (元/千瓦时)	线损率 /%	增加值 /万元
20××	79.73	914 389	0.871	607 320	0.664	451.21	2.86	42 670
20××	84	979 987	0.8571	650 297	0.66	457.65	2.86	51 175
20××	94.2	1 085 024	0.868	729 753	0.67	457.04	2.95	69 076
20××	105.68	1 197 362	0.882	800 562	0.668	461.75	3.17	—

20××年,全市社会用电量达 132 亿千瓦时,同比增长 10.5%;公司售电量达 115 亿千瓦时,电压合格率、线损率等主要经济技术指标连续 7 年位居全国城市供电企业前列。众所周知,供电行业在中国属于垄断性行业,所以影响公司经营业绩的最重要因素就是市场结构。

二、公司战略转型背景

政策变化。由于体制的原因和行业天然具备的垄断特性，供电企业长期处于计划经济体制下，它只关心上级的计划和财务目标能否完成。而现在进行的电力行业改革，将根据市场经济状况，远期放开配电网，建立零售竞争模式的电力市场，分阶段放开售电领域，同时允许售电经纪人进入市场，给用户以选择售电商的权利，建立规范有序的电力市场。大的电力用户将不再被指定必须从特定的区域电力企业购电，而可以更广泛地选择售电企业。如果用户从其他售电企业购电，该地区的配电企业也有义务为其提供供电通道，从而在购电方面形成竞争性市场。这样，供电企业将同其他竞争型企业一样，在市场上处于竞争的态势。

市场结构。尽管公司这几年的售电量和线损率等指标的绝对数值都有改进的态势，但从市场结构的角度来看，公司经营形势很难令人满意。公司与中国最大的油田企业接壤为邻，而油田企业很多备有自有电网和电厂。由于国家政策的影响，供电公司的电价要比企业自发电价的价格高，所以大企业一般都不愿用供电企业的电，而更倾向于自己发电自己用。而且油田企业为了更大程度降低成本（维护一个电网和发电厂的成本是很高的），违规向油田企业的周围企业和居民供电，并且提供的电价要比供电公司提供的电价要低，所以企业和居民更倾向于用油田企业的电。另外，由于本地区小煤矿较多，地方性的小火电厂也很多（大约有80家）。小火电厂不需要承担社会职责，可以少缴纳许多费用，它们提供的电价也比较低，居民和企业也倾向接受它们的产品。油田和小火电厂的双重夹击，使得 X 供电公司虽然市场售电量的绝对数在增加，但相对市场占有率却在不断下降。

内部经营。虽然公司这几年对外财务报表都显示是盈利的，但如果扣除母公司代摊的固定资产折旧费用和代付的运营成本，公司事实上是亏损的。亏损原因主要有三：过高的人工成本；三产投入较高，但产出很少；代付了半数三产人员的工资。

三、战略再造

2005 年年底，国务院下达了国有企业与三产企业脱离的通知，公司决定以这个改革为契机，进行战略再造。公司认为从当前经营现状来看，公司目前处于企业生命周期的收获期：公司的基础设施较为完善，新项目投资较少。从管理理论来分析，企业目前典型的管理问题应该是如何减少劳动和人员成本，提高质量、效率和供应链的管理，维持或提高收入以获得盈利。为此公司决定实施生产率提升和业务收入增长的战略。

之所以要提升生产率，是基于两个方面的考虑：一是外部竞争的需要，随着民营资本逐渐侵入电力行业，电力行业上游成本提高，公司只有靠提高劳动生产率来降低成本。另一方面，从公司的发展前景来看，公司目前主业员工队伍比较精干，但有近半数员工实际上属于冗员，放在多种经营部门是暂时解决安置问题，陈腐的固定职工观念、高昂的人工成本始终是公司长远发展的隐患。解决这部分员工的问题实际上也是公司的战略主题之一。

在生产率提升的基础上，公司决定必须与油田企业和小火电厂展开竞争，争取大的新的客户和市场，争取提高市场占有率，这也反映了母公司对它的要求。另外，供电公司的安全生产事关地区社会稳定与经济发展，关系到企业在社会中的形象，如果安全生产出现问题，后果不堪设想，安全管理作为公司战略主题是必然的选择。而扩大市场份额是基于预期市场竞争态势发展的考虑，公司必须超越现有竞争对手和潜在竞争对手，以维持长远公司发展，所以这也是公司的重点关注方向之一。在此基础上，公司应用平衡计分卡提供的战略地图工具，把公司战略实现的路径和业务流程以战略地图的形式加以表现，如图 5-9。公司的战略指标如表 5-9 所示。

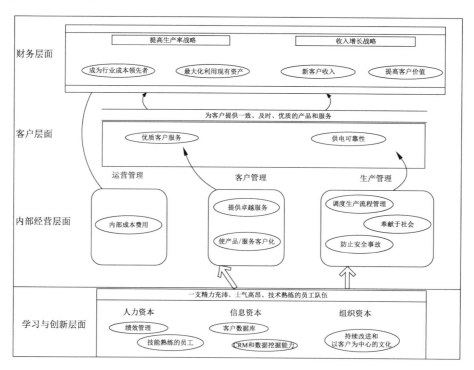

图 5-9　X 供电公司的战略地图

表 5-9　X 供电公司的战略指标

层面	目标	指标
财务	成为行为成本领先者	单位电量供电成本
	最大化利用现有资产	平均电价
		万元资产销售收入
	新客户收入	新增客户收入
客户	优质客户服务	客户满意度
		客户保持率
	供电可靠性	城市供电可靠率
		城市电压合格率
内部经营	内部成本管理	电费回收率
		内部费用
	客户管理	与客户接触时间
		客户质问反馈速度
		客户咨询应答不满意率
		客户服务评价等级
	内部运营管理	线损率
		非计划障碍停运率
		负荷预测准确率
		安全无事故
学习与创新	人力资本	员工满意度
		高级人才密度
	信息资本	客户数据履盖度

在公司战略指标确定的基础上，为了使公司战略在公司上下达成共识，必须对指标进行量化，X 供电公司制定了公司层关键绩效指标辞典，部分指标的定义如表 5-10。

表 5-10　X 供电公司公司层关键绩效指标定义

编号	指标名称	指标定义	计算公式	期望目标 目标值	期望目标 考核标准	责任部门
1	供电负荷率	公司季度及年度平均供电负荷率计划值	Σ日供电负荷率/累计日历天数	81%	每提高 1 个百分点加 3 分	牵头部门：客户服务中心

续表

编号	指标名称	指标定义	计算公式	期望目标		责任部门
				目标值	考核标准	
2	售电量	公司月度及年度售电量计划值（万千瓦时）	售电量完成率：（电网售电量/售电量计划值）×100%	完成率：103%	每提高1个百分点加1分	责任部门：企划部
3	市场占有率增长量	公司月度及年度市场占有率增长量计划值	（电网售电量+经营电量）/全社会用电量×100%－上年同期市场占有率	较计划值高1个百分点	每提高0.1个百分点加1分	责任部门：企划部
4	电费回收率	公司月度及年度电费回收率计划值	（实收电费额/应收电费额）×100%	—	—	牵头部门：客户服务中心
5	平均电价	公司季度及年度平均电价计划值（元/千瓦时）	售电销售收入总额/销售电量总和	较计划值提高2元/千千瓦时	每增加0.5元/千千瓦时加2分	牵头部门：客户服务中心
6	线损率	公司月度、季度及年度线损率计划值（按电网线损和配网线损两段分解）	（1－电网售电量/电网供电量）×100%	较计划值低0.5个百分点	每低0.1个百分点加1分	责任部门：企划部
7	供电可靠率	在统计期间内，对客户有效供电时间总小时数与统计期间小时数的比值	供电可靠率（不计系统电源不足限电）＝（1－用户平均停电时间/统计期间时间）×100%	99.994%	每升高0.001个百分点加3分	牵头部门：生技部
8	电压合格率	公司月度、季度及年度电压合格率计划值	综合供电电压合格率＝0.5A＋0.5（B＋C＋D）/2（注：公式中的A、B、C、D分别指A、B、C、D类的电压合格率）	99.95%	每升高0.01个百分点加3分	牵头部门：生技部
9	客户满意度	满意公司服务的客户比例	抽样中满意客户数/抽样客户总数×100%	较目标值提高1个百分点	每提高1个百分点加3分	牵头部门：纪委办
10	员工满意度	员工对企业的管理水平、工作环境、保障水平、薪酬福利政策、个人发展空间等的满意程度	员工满意度＝∑（非常满意×5＋满意×4＋基本满意×3＋不满意×2＋非常不满意1）/（问卷满分×测评人数）×100%	较目标值提高1个百分点	每升高1个百分点加2分	牵头部门：政工部

四、公司战略指标分解到部门的流程

平衡计分卡的目标是使战略成为每一名员工的日常工作，为此必须将公司战略指标分解到职能部门，进而形成部门层的关键绩效指标。下面以公司层关键绩效指标——平均电价的分解来示例。

步骤1：确定平均电价强相关部门和关键职能。

平均电价指标是公司年度KPI之一，为了把公司平均电价指标分解落实到部门，确保完成年度目标，公司绩效管理委员会讨论认为与平均电价强相关的主要部门有五个：调度所、客户服务中心、市场策划部、农电部和企划部。在此基础上，利用CSF法，经各部门分管副总和部门主任讨论认为，为了完成平均电价指标，市场策划部的主要职能是完成综合电价，客户服务中心是完成直供电价，调度所是提供网供油田电价，农电部是完成趸售电价，企划部是制定并落实奖惩政策。为了形象显示，以鱼骨图方式显现，如图5-10。

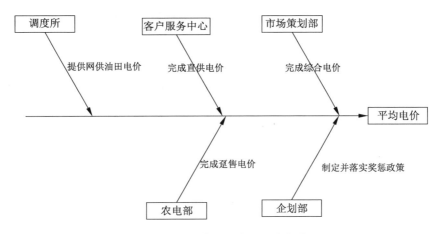

图 5-10　市场策划部主要职能鱼骨图

步骤2：各部门关键职责分解。

辨识出公司KPI主要承担部门以后，对于各部门而言，还要识别影响公司KPI的主要活动，从而把影响公司KPI平均电价的关键要素列出来。见图5-11。

步骤3：利用QQTC模型定义部门KPI，形成部门KPI列表。

QQTC模型是指从数量、质量、时间和成本的四个角度去定义指标，在影响公司关键绩效指标关键要素分析的基础上，利用QQTC模型把关键要素转化为指标，见表5-11。

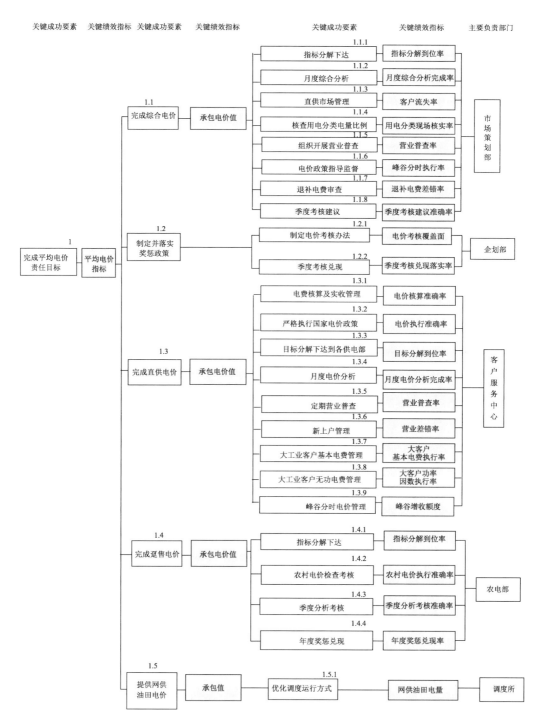

图 5-11 影响 X 供电公司 KPI 平均电价的关键要素

表 5-11 公司 KPI——平均电价分解表

指标名称：平均电价

部门	序号	工作内容	指标名称	评价标准	等级	测评预估时间
市场策划部	1*	指标分解下达	指标分解到位率	100%	优	1月份
				<100%	差	
	2	月度综合分析	月度综合分析完成率	100%	优	每月10日前
				≤98%	差	
	3	直供市场管理	客户流失率	0	优	每年
				>0	差	
	4*	核查用电分类电量比例	用电分类现场核实率	≥	优	每年
				<	差	
	5	组织开展营业普查	营业普查率	≥90%	优	每年
				<90%≥70%	良	
				<70%	差	
	6	电价政策指导监督	峰谷分时执行率（符合条件且提高电价的客户）	100%	优	每月
				<100%	差	
	7	退补电费审查	退补电费差错率	0	优	每月
				>0	差	
	8	季度考核建议	季度考核建议准确率	0	优	每季次月6日内
				>1	差	
企划部	9*	制定电价考核办法	电价考核覆盖面	100%	优	每年1月份
				<100%	差	
	10	季度考核兑现	季度考核兑现落实率	100%	优	每季次月20日内
				<100%	差	
客户服务中心	11	电费核算及实收管理	电价核算准确率	100%	优	每月
				<100%	差	
	12	严格执行国家电价政策	电价执行准确率	100%	优	每年
				<100%	差	
	13	目标分解下达到各供电部	目标分解到位率	100%	优	1月份
				<100%	差	
	14*	月度电价分析	月度电价分析完成率	100%	优	每月10日前
				<100%	差	

续表

部门	序号	工作内容	指标名称	评价标准	等级	测评预估时间
客户服务中心	15*	定期营业普查	营业普查率	100%	优	每年
				<100%	差	
	16	新上户管理	营业差错率	0	优	业扩竣工1天内
				>1	差	
	17	大工业客户基本电费管理	大客户基本电费执行率	100%	优	每月
				<100%	差	
	18	大工业客户无功电费管理	大客户功率因数执行率	100%	优	每月
				<100%	差	
	19	峰谷分时电价管理	峰谷增收额度	≥5%	优	每月30日前
				<5%	差	
农电部	20	指标分解下达	指标分解到位率	100%	优	每年1月份
				<100%	差	
	21*	农村电价检查考核	农村电价执行准确率	≥99%	优	不定期
				<99%	差	
	22	季度分析考核	季度分析考核准确率	100%	优	每季次月6日内
				<100%	差	
	23	年度奖惩兑现	年度奖惩兑现率	100%	优	次年1月份
				<100%	差	
调度所	24*	优化调度运行方式	网供油田电量	≥目标值	优	每月
				<目标值	差	

注：上表加*的表示需要重点关注的KPI

上述三个分解流程不仅使公司明晰了战略指标的主要责任部门和影响指标的主要关键活动，而且还把执行公司战略的任务转化为指标，使得公司各部门的行为都成为战略执行的一个环节，也确保了公司各部门之间的战略协同。

五、部门指标分解到岗位的流程

战略分解形成部门指标后，为了达到卡普兰所要求的让战略成为每名员工日常工作的要求，还必须将部门指标分解到具体的岗位，大致需要四个步骤。

步骤1：将部门KPI分解为岗位KPI。

继续以上述公司KPI——平均电价的分解为例，经层层分解，依据部门指标测评时间，可以看到X供电公司客户服务中心每月有两项部门层重点关注的KPI（月度电价分析和定期营业普查）。经过与员工的讨论，部门负责人认为月度电价分析这项 KPI 应该直接分到客户服务中心副主任这个岗位。因此，这项指标应该是该岗位的月度 KPI。

步骤 2：利用岗位说明书，对各岗位主要职责模块化，并提取月度重点工作或改进工作。

步骤 1 解决了部门 KPI 直接分解到岗位的问题，但战略执行与战略设计之间存在脱轨的现象，这是因为战略执行的实践工作是事先无法精确预计的。为了进一步提升战略执行力，还必须把员工月度重点工作或改进工作纳入战略执行框架。管理层要进行岗位工作分析，把岗位工作模块化，并在模块化的基础上，确定岗位月度重点工作或改进工作，以便提取 KPI，如图 5-12 所示。

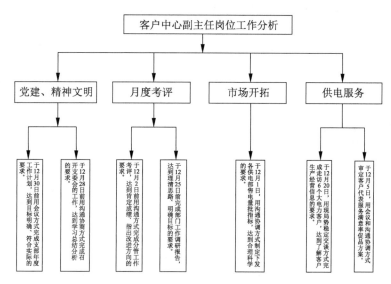

图 5-12　X 供电公司客户中心副主任岗位工作分析

步骤 3：利用 QQTC 模型把岗位月度重点工作或改进工作转化为指标。

在上述工作基础上，利用 QQTC 模型把重点工作或改进工作转化为指标，如表 5-12 所示。

表 5-12　供电公司客户中心副主任岗位绩效考核评价表

部门：客户服务中心　　　岗位：客户中心副主任　　　填表日期：20××年 11 月 10 日

编号	工作内容	指标名称	评价标准	权重	等级	参考分数	评分	备注
1	12 月 1 日用办公系统完成支部工作计划下发，达到目标明确的要求	下发工作计划延迟天数	0	10%	优	100		
			1		差	0		

续表

编号	工作内容	指标名称	评价标准	权重	等级	参考分数	评分	备注
2	12月1日用沟通协商方式完成下发售电量计划，达到目标明确合理的要求	下发售电量计划延迟天数	0	10%	优	100		
			1		差	0		
3	12月2日用沟通方式完成分管工作考评，指出需改进的方面	计划完成率	100%	10%	优	100		
			95%		中	60		
			<95%		差	0		
	12月25日用会议方式完成年度工作调研报告	调研报告完成率	100%	12%	优	100		
			<100%		差	0		
4	审定提高客户代表服务满意率方案	审定方案延迟天数	0	15%	优	100		
			≥1		差	0		
5	12月4日审核客户信息服务运行月报负荷管理系统报表，达到及时准确的要求	审核及时率	100%	8%	优	100		
			<100%		差	0		
	12月26日前用走访方式完成6个大客户走访，达到了解情况的要求	大客户走访个数	6	5%	优	100		
			4		中	60		
			2		差	0		
6	12月15日前审核配变在线监测系统实施方案	审核方案延误天数	0	30%	优	120		
			≥1		差	110		

步骤4：汇总步骤1和步骤3指标，形成岗位月度KPI指标表。

六、战略分解流程评述

公司KPI—部门KPI—岗位KPI的分解流程不仅把战略分解形成岗位指标，明确了公司战略对每一个岗位的任务要求，使得每一名员工都能认识到自身工作对公司战略的贡献，而且还促使员工日常工作与公司战略执行有效挂钩，消除了战略设计与战略执行之间的鸿沟，真正有效地把公司战略转化为每一名员工的日常工作，确保了公司战略的有效执行。

问题：

1. 该公司的战略指标分解有何特点？
2. 如何理解战略执行与绩效管理之间的关系？

第六章 绩效计划

第一节 绩效计划概述

一、绩效计划的概念

绩效计划是指管理者与员工根据既定的绩效标准共同制定并修正绩效目标以及实现目标的过程。作为名词,绩效计划是管理者与员工之间确立的关于绩效标准和绩效目标的契约。作为动词,绩效计划是一个双向沟通机制,是管理者与员工相互沟通、对绩效标准和绩效目标达成一致意见,从而达成契约的过程。绩效计划不仅是一个静态的过程,更是一个动态的沟通过程,它不仅仅局限于绩效目标设定的初期,而是贯穿组织内员工全面参与管理、履行职责、完成任务的全过程。通过绩效计划的制订,管理者的管理目标和员工的个人发展目标能够在某种程度上达成一致。所以,无论是对于企业还是对于员工个人而言,绩效计划都是绩效管理中非常重要的一环。

二、绩效计划的特征

绩效计划有以下主要特征:

(1) 目标导向。绩效计划必须与组织的目标和战略保持一致,以确保员工的工作能够促进组织整体绩效的提升。

(2) 可衡量性。绩效计划的目标必须具有可衡量性,以便能够对员工的表现进行评估和奖励。

(3) 客观性。绩效评估必须是客观的,以避免主观判断和偏见的影响,从而确保公平和公正。

(4) 反馈机制。绩效计划必须有一个有效的反馈机制,以便员工可以知道自己的表现,了解如何改进自己的工作。

（5）激励和奖励。绩效计划必须包括激励和奖励，以鼓励员工积极参与工作并达成目标。

（6）持续性。绩效计划必须是持续的，以便能够反映员工在一段时间内的表现和进步。

（7）个性化。绩效计划应该考虑员工的个体差异和发展需求，以便能够更好地激励和奖励员工。

（8）可变性。绩效计划应该可以随时进行调整和修改，以适应组织和员工的变化需求。

（9）可操作性。绩效计划应该能够被实施和操作，以便能够实现组织目标和促进员工发展。

（10）参与性。绩效计划应该能够鼓励员工参与和自我管理，以提高员工的责任感和自我效能感。

此外，绩效计划还必须具有以下特征：计划数字化信息容易植入意识中，更方便员工找出完成任务的最佳策略；可在完成任务过程中用视觉化表述进度，有利于员工自我管理与自我激励；考核方法可用公式表示，方便考核者自己计算出得分。

三、绩效计划的作用

（一）绩效计划有助于组织实现战略目标

实现组织的战略目标是绩效计划的目的。绩效管理的战略性集中体现为绩效管理实践。要体现并支持组织战略，具体到绩效管理的绩效计划环节，就是要将组织的战略目标转化为组织层面、部门层面和个人层面的绩效目标，使每个员工的工作行为和结果都能够有效促进组织绩效的持续改进和提升。因此，绩效计划的目的就是确保部门和每个员工的绩效目标与组织的战略目标协调一致。一般在组织的使命、核心价值观、愿景和战略的指引下制订绩效计划。所以，绩效管理一定开始于绩效计划，见图6-1。

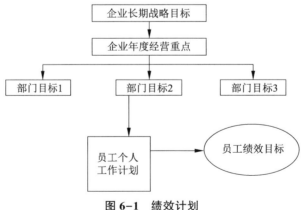

图6-1　绩效计划

（二）绩效计划是员工与管理者双向沟通的渠道

绩效计划面谈是管理者与员工就绩效计划的问题所进行的双向的、全面的和持续的沟通。通过绩效计划面谈，管理者与员工就绩效目标、指标和评价标准进行充分的沟通，达成共识并共同确定行动计划。

（三）绩效计划可以促进员工参与

在绩效沟通过程中，人力资源管理专业人员、管理者和员工需要全面参与，并且在这个过程中，三者的职责各不相同。人力资源管理专业人员的主要责任是帮助相关人员制订绩效计划。人力资源管理专业人员应提供政策框架，开发相关的培训材料，指导管理者和员工开展绩效计划的工作，并且解决管理者与员工之间的冲突，确保更好地实现组织目标。在许多组织中，人力资源管理专业人员与管理者共同设计符合组织需要的绩效管理框架，以指导管理者与员工针对每个职位的情况制订具体的绩效计划。总的来说，人力资源管理专业人员的责任就是向管理者（有时包括普通员工）提供必要的指导和帮助，以确保组织的绩效计划系统中的绩效结果和绩效标准保持稳定性和协同性，从而保证组织绩效管理系统的战略一致性。

无论对于管理者还是对员工而言，绩效目标都只是一个美好的愿望和憧憬。要真正实现愿望必须付诸实际的行动。古人云"预则立，不预则废"，计划便是指导行动的最佳指南。从具体的形式来看，作为指导员工行为的绩效计划，能够使员工在具体的绩效周期内根据组织的目标来确认自己具体的工作目标，并制订一系列合理的工作计划，也是员工绩效考核和培训的重要依据。

第二节　绩效目标和绩效指标

一、绩效目标

（一）绩效目标的概念

绩效目标是管理者针对员工个人的实际情况量身制定的工作目标，它结合员工现有的绩效水平，体现出了管理者对员工的具体要求。目标的确定是整个绩效管理的基础。

（二）绩效目标的来源

绩效目标应该来源于企业战略，从企业的最高层开始层层分解绩效目标。下一级部门根据上一级部门分解的目标以及本部门自身的关键绩效指标，确定本部门的绩效目标。然后，部门主管根据下属的职位和关键绩效指标，将部门的绩效目标层层分解到个人。具体来说，员工个人的绩效目标有三个来源：

组织的绩效目标：只有将个人的绩效目标与组织的绩效目标紧密相连，才能保证个人的目标符合组织的实际需要和实际要求，才能真正保证组织目标的彻底实现。

岗位职责：岗位是员工个体才能表现并得以发挥的载体，决定了员工在组织系统中所扮演的具体角色，建立在明确岗位职责基础上的绩效目标是最切实可行的。

内外部客户的需求：在制定绩效目标的时候考虑到内外部客户的需求能够起到锦上添花的作用，更好地实现组织的绩效目标。

（三）确定绩效目标的原则：SMART

S代表具体的（Specific），即没有参与计划制订的员工也能够根据计划的细节来实施绩效计划，通过绩效计划所设定的绩效目标应尽可能地细化、具体化，这样有利于激励员工实现目标。该原则要求尽量避免使用"尽快解决客户投诉问题"之类的笼统表述。

M代表可衡量的（Measurable），即绩效目标应该提供一种可供比较的标准，将员工实际的绩效表现与绩效目标相比较。这样一方面可以给员工的行为提供及时的反馈，另一方面也可以激发员工的潜力，为实现组织目标而共同努力。

A代表可实现的（Attainable），即绩效计划最终确定的目标要在付出努力的情况下可以达到，不能过高也不能过低，因为过高的目标会使员工失去信心，过低的目标又无法使员工真正发挥出个人的能力。

R代表相关性的（Relevant），即绩效计划要在组织战略和年度工作计划的指导下制订，保证组织能够通过计划的实施实现战略。

T代表有时限的（Time-Bound），即绩效计划的制订和实施都要有一个明确的时间节点，绩效目标也要根据工作任务的权重、事情的重要性确定最后期限，这样才能保证管理者和员工的执行力，否则人的惰性可能会使绩效计划和目标成为纸上谈兵。

目标一直以来都是激发人们动机的诱因，它具有非常强的激励作用，充分发挥其激励作用，能够调动人们工作的积极性、主动性和创造性。尤其是当组织目标被其内部全体成员接受并与员工个人利益结合起来的时候，该作用发挥得更为明显。所以，目标激励作用一直都是管理学家们研究的热点和重点。而在绩效考核中，目标的激励作用同样存在。绩效目标能够为员工提供明确的工作任务和工作方向，从而增强进取的动力，使员工为组织的目标努力奋斗。所以，一个科学、合理、可量化的个人绩效目标不仅能够帮助员工了解实际工作情况与目标之间的差值，使其更有意识地努力工作，还能通过目标分解的方式将组织目标深入贯彻，让组织绩效管理的各个环节都变得更加容易。

二、绩效指标

在确定绩效目标之后，管理者要为每一个绩效目标选择可衡量的指标。在绩效管理系统中，对员工行为的引导很大程度上体现在绩效指标的选择和设计上，绩效监控和绩效评价工作的开展就是面向绩效指标的。

（一）绩效指标的概念

指标是衡量目标的单位或方法，是目标预期达到的指数、规格、标准。绩效指标是用来衡量绩效目标达成的标尺，即通过对绩效指标的具体评价来衡量绩效目标的实现程度。由于绩效指标是直接面向绩效评价的，因此绩效指标也叫绩效评价指标或绩效考核指标。在绩效管理过程中，绩效指标扮演着双重角色：既是"晴雨表"，又是"指挥棒"；既用于衡量实际绩效状况，又对管理决策和员工行为产生指引作用。

（二）绩效指标的分类

1. 工作业绩评价指标和工作态度评价指标

根据绩效评价内容的不同，绩效指标可被分为工作业绩评价指标和工作态度评价指标。

（1）工作业绩评价指标。所谓工作业绩，就是工作行为所产生的结果。对于业绩的考核结果直接反映了绩效管理的最终目的——提高企业的整体绩效，以实现既定的目标。在设计工作业绩指标时，通常的做法是将业绩具体表现为完成工作的数量指标、质量指标、工作效率指标以及成本费用指标。这四类指标都属于工作业绩评价指标。

（2）工作态度评价指标。在组织中常常可以看到这样的现象：一个能力很强的人出工不出力，未能实现较高的工作业绩；而一个能力一般的员工兢兢业业，做出了十分突出的工作业绩。这两种不同的工作态度产生了截然不同的工作结果。因此，工作态度在一定程度上决定了一个员工的实际工作业绩。为了对员工的行为进行引导从而达到绩效管理的目的，绩效评价中应引入对工作态度进行评价的指标。

2. 硬指标和软指标

斯坦利·E. 西肖尔（Stanley E Seashore）是当代美国著名的管理学家和社会心理学家，他指出，硬指标（营业额、废品数量等）和软指标（协作关系好坏、客户满意度等）必须互相补充，两者同等重要。

3. 特质、行为、结果评价指标

在进行绩效评价指标体系的设计时，常见的一种方式是运用特质、行为、结果三类指标，其详细比较情况如表6-1所示。

表 6-1　特质、行为、结果三类指标比较表

比较内容	特质	行为	结果
适用范围	适用于对未来的工作潜力做出预测	适用于考核可以通过单一的方法或程序化的方式实现绩效标准或绩效目标的岗位	适用于考核那些可以通过多种方式达到绩效标准或绩效目标的岗位
不足	没有考虑情景因素，通常预测效度较低；不能有效地区分实际工作绩效，员工易产生不公平感；将注意力集中在短期内难以改变的人的特质上，不利于改进绩效行为	对那些同样能够达到目标的不同行为方式进行区分，以选择真正适合组织需要的方式这一点是十分困难的；当员工认为其工作重要性较小时，意义不大	结果有时不完全受考核对象的控制；容易诱使考核对象为了达到一定的结果而不择手段，使组织在获得短期利益的同时丧失长期利益

（三）绩效指标的设计

1. 设计绩效指标的要求

绩效指标是绩效计划的重要内容，绩效指标的制定需要遵循独立性、可测性和针对性的基本要求。

（1）独立性。独立性指的是绩效指标之间的界限应清楚明晰，不会发生含义上的重复。这要求各个评价指标尽管有相互作用或相互影响、相互交叉的内容，但一定要有独立的含义和界定。例如，"沟通协调能力"和"组织协调能力"中都有"协调"一词，但实际上应用它们的人员类型是不同的，这两种协调能力的含义也是不同的。

（2）可测性。评价指标本身的特征和该指标在评价过程中的现实可行性共同决定了评价指标的可测性。只有评价指标指向的变量具有多个测量等级，该指标才具有存在的意义。

（3）针对性。评价指标应针对某个特定的绩效目标，并反映相应的绩效标准，组织应根据部门职责或岗位职能所要求的各项工作内容及相应的绩效目标和标准来设定每一个绩效评价指标。

2. 绩效指标的选择依据

组织在确定绩效指标的过程中，需要将以下几个因素作为选择指标的基本依据。

（1）绩效评价的目的。绩效评价的目的是通过对绩效指标的评价来促进绩效目标的实现，从而助推组织战略目标的实现。在绩效管理实践中，每个部门或岗位的具体工作内容涉及的指标往往很多，对绩效指标的监控和评价不可能面面俱到，只有在评价中受到重视的指标才能对员工行为产生良好的导向作用。因此，

绩效评价的目的是选择绩效指标的一个非常重要的依据。

（2）工作内容和绩效标准。组织、部门和个人的工作内容（绩效任务）和绩效标准事先都应该有明确的规定，以确保工作的顺利进行和工作目标的实现。这些工作内容和标准应该从数量、质量、时间上赋予绩效指标特定的内涵，使绩效指标的名称和定义与工作内容相符，指标的维度与绩效标准相符。这样的绩效指标方能准确地引导员工的行为，使员工的行为与组织的目标一致。

（3）获取绩效信息的便利程度。为了保障绩效监控和绩效评价工作的顺利开展，组织所需信息的来源必须稳定可靠，获取信息的方式应简单可行。获取绩效信息的难易程度并不是直观可以判断的，需要在绩效管理体系的设计过程中，不断地在小范围内试行，不断地进行调整。如果信息来源渠道不可靠或者相关资料呈现矛盾状态，组织就应对绩效指标加以调整，最终使评价指标能够方便、准确地评价员工的绩效。

3. 绩效指标的设计方式

管理者和员工根据自身的工作职责与绩效标准，从绩效指标库内选择合适的绩效指标。在实际操作中，主要有两种绩效指标体系的设计方式。

（1）纵向设计。一个企业，不论是什么类型、规模有多大，都存在一定的管理层级，一般可以划分为组织、部门和个人三个层级，在个体层面也可以区分为高层、中层和基层。在纵向上，组织的目标自上而下层层分解和承接，组织、部门和个人的目标存在一定的关联性，相应的绩效指标也有逻辑关系，但每个部门和个人都有自己特殊的职责和任务，所以也存在一些与其他指标没必然联系的个性化指标。

（2）横向设计。不同的企业在职位类型的分类上存在一些差异，最为常见的职位类型有生产类、销售类、研发类、职能管理类、工程技术类、行政事务类等，常见的职能等级有经理、部长、主管、主办、操作工人等。在企业中建立一个明确的职位系列是按职位职能标准进行绩效管理的前提。但在分层分类设计绩效指标体系时，不一定完全按照职位系列来进行，通常会对一些比较复杂的职位进行一定的合并。

4. 绩效指标权重设计的影响因素

绩效指标的权重是各项指标的相对重要程度，不同权重对员工行为具有不同的引导作用。影响绩效指标权重的因素很多，其中最主要的因素有以下三类。

（1）绩效评价的目的。绩效评价的目的是影响指标权重的最重要的因素。绩效评价的结果往往运用于不同的人力资源管理目的。针对不同的评价目的，绩效评价中各个评价指标应被赋予不同的权重。很多时候，组织并不需要明确每个绩效指标的权重，仅将绩效指标分为工作业绩指标和工作态度指标这两个维度，然后根据不同的评价目的，确定这两个评价维度分别占多大的比重。

（2）评价对象的特征。评价对象的特征决定了某个评价指标对于该对象整体工作绩效的影响程度。例如，责任感是评价员工工作态度的一个常用指标。该指标对于不同的员工的重要程度各不相同。对于一个保安人员来说，责任感可能是工作态度指标中权重最大的指标，而对于其他类型的员工，责任感的权重可能就不那么大。

（3）组织文化。组织文化倡导的行为或特征也会反映在绩效评价指标的选择和权重上。例如，以客户为中心的组织较为重视运营绩效和短期绩效，而创新型文化组织更为关注战略绩效和长期绩效，因此在指标选择和权重分配上两者会各有侧重。

5. 绩效指标权重的设计方法

绩效指标的权重设计是指对各项绩效指标的相对重要程度进行设计，是一项非常重要且具有较高技术要求的工作。在考虑了各种影响因素之后，企业就需要选取合适的设计方式来设计权重系数，主要有以下几种方法。

（1）经验判定法。这是最为简便的确定方法，它依赖于决策者自身的经验，对各项绩效指标的重要程度做出判断并确定权重系数。有时候也可以由集体进行决策，即每位专家对绩效指标进行打分，然后取平均值。这种方法决策效率高、成本低、容易被认可，但是所获得的信息往往带有片面性，并且对决策者的能力要求较高。

（2）权值因子判断表法。权值因子判断表法是指评判专家组制定和填写权值因子判断表，并根据各个专家所填写的权值因子判断表来确定权重的方法。这种方法的具体操作步骤如下：

组成评价的专家组。组成人员主要包括人力资源管理专家、评价专家和其他相关人员，根据不同的评价对象和目的，可以构成不同的专家小组。

制定绩效指标权值因子判断表，如表6-2所示。

表6-2 权值因子判断表

被比较指标	基准指标					
	指标1	指标2	指标3	指标4	……	指标n
指标1						
指标2						
指标3						
指标4						
……						
指标n						

专家填写权值因子判断表。专家将行因子与列因子进行比较，若采用四分制，则非常重要的指标为 4 分，比较重要的指标为 3 分，同样重要的指标为 2 分，不太重要的指标为 1 分，很不重要的为 0 分。

对各专家所填写的判断表进行统计，并将统计结果折算为权重，如表 6-3 所示。

表 6-3 权值因子计算表

评价指标	考核人员								评分总计	平均评分	权重	调整后权重
	1	2	3	4	5	6	7	8				
指标 1												
指标 2												
指标 3												
指标 4												
指标 5												
指标 6												
合计												

（3）倍数加权法。倍数加权法是由考核人员对需要考核的要素进行排序并选出一个最次要的要素作为参考要素，将其他要素与该要素相比，得出重要性的倍数，最后进行权重的计算。具体步骤如下：

对各个考核要素进行比较，从中选取出最次要的要素，并赋值为 1。

将剩余的考核要素与参考要素进行比较，并确定其重要性的倍数。比如，对营销人员的考核要素（品德素养、工作经验、智力素质、推销技巧、销售量、信用）进行比较，假设智力素质是最不重要的，如表 6-4 所示。

表 6-4 倍数加权法举例

考核要素	与智力素质的倍数关系	权重
品德素养	3	0.18
工作经验	2	0.11
智力素质	1	0.06
推销技巧	4	0.24
销售量	5	0.29
信用	2	0.12
合计	17	1.00

将所有要素的重要性倍数加总。将各个考核要素的倍数与总的倍数相除,并将结果转化为百分数,即为各个考核要素的权重。

第三节 绩效计划的制订流程

一、绩效计划的制订原则

组织在制订绩效计划的过程中,无论是制订组织绩效计划、部门绩效计划还是制订个人绩效计划,都应该遵循一些基本原则。

(1) 战略性原则。企业在制订绩效计划体系时,必须坚持战略性原则,即要求制订者在组织使命、核心价值观和愿景的指引下,依据战略目标和经营计划制订组织绩效计划,然后通过目标的分解和承接,制订出部门绩效计划和个人绩效计划。

(2) 协同性原则。绩效计划体系是以绩效目标为纽带而形成的全面协同系统。其在纵向上,要求依据战略目标和经营计划制订的组织绩效目标、部门绩效目标和个人绩效目标是一个协同的系统;在横向上,业务部门和支持部门的目标也需要相互协同,特别是支持部门需要为业务部门达成绩效目标提供全面的支持。

(3) 参与性原则。在制订绩效计划的过程中,管理者必须与下属进行充分的沟通,确保组织战略目标能够被组织所有员工正确理解。同时,管理者还需要认真倾听下属的各种意见,妥善处理各方利益,确保绩效计划制订得科学合理。总之,通过全员参与绩效沟通,确保管理者和下属对绩效计划中的绩效目标、绩效指标、绩效标准、行动方案等内容达成共识,以保障其在签订绩效协议的时候做出充分的承诺。

二、绩效计划的制订准备

企业围绕组织战略制订绩效计划,需要几个层次的绩效计划层层支撑,以确保绩效管理系统能全面反映组织战略目标的具体要求。绩效计划的制订是管理者和下属双向沟通的过程,绩效计划准备阶段的主要工作是交流信息和动员员工,使各层次绩效计划为实现组织的战略目标服务。绩效计划制订的准备工作主要包括组织信息的准备、部门信息的准备、个人信息的准备以及绩效沟通的准备四个方面。

(一) 组织信息的准备

充分的组织信息准备是绩效管理成功实施的重要保障,其核心就是让组织内部所有人员熟悉组织的使命、核心价值观、愿景和战略，使其日常工作与组织战略保持一致。组织信息的相关内容一经确定，一般需要及时传递给所有成员。传递这些信息的形式有很多，除了可以组织专门的培训之外，还可以通过每年的总结大会、部门或业务单元的传达会、高层领导的走访，或者通过各种文件、通告、组织的内部网络以及内部刊物等进行传递。

（二）部门信息的准备

部门信息主要是指制订部门绩效计划所必需的各种信息，对组织战略有直接的支撑作用。组织若想准备部门信息，首先需要准备部门战略规划相关材料。部门战略要反映组织的使命、核心价值观和愿景，与组织文化保持一致。其次需要准备部门职责相关材料。尽管部门职责所规定的很多事项都不是战略性的，却是部门执行战略所必需的，各部门在制订绩效计划的时候也必须通盘考虑这些因素。再次需要准备部门上一绩效周期的绩效情况。绩效计划的制订是一个连续的循环过程，新绩效周期的计划都是在已有上一绩效周期完成情况的基础上制订的。最后需要准备部门人力资源配置的基本情况。在制订部门绩效计划的时候，组织就应该考虑到部门的分工，以便为每一个绩效目标的达成做好准备。

（三）个人信息的准备

除了组织信息和部门信息之外，绩效计划的制订对个人信息的准备也有很高的要求。个人信息的准备主要包括对个人所任职位的工作分析和前一周期的绩效反馈。工作分析用于说明为达成某一工作的预期绩效所需要的行动要求。从工作分析入手，组织可以使员工更好地了解自己所任的职位，明确自身职位在组织职位系统中的地位和作用，并把职位与部门目标和个人目标联系在一起。新绩效周期开始时，环境和目标可能改变，个人的职位要求也可能调整，需要重新思考和定位，并且旧的职位说明书很可能已经过时，管理者需要将最新的要求和信息准确地传递给员工。同样，上一绩效周期的反馈也是很重要的信息，虽然在绩效周期结束的时候已经有过绩效反馈，但是在制订新的绩效计划的时候，管理者还需要再次明确上一绩效周期绩效完成情况。管理者必须对高绩效员工给予肯定，对造成绩效不佳的原因进行深入分析，为其提出绩效改进的建议并协助其寻找绩效改进的办法，从而使其不断提高工作绩效。

（四）绩效沟通的准备

这里讲的绩效沟通，主要是指为了制订具有科学性和可操作性的绩效计划，管理者在组织内部进行的各种形式的沟通面谈。制订绩效计划是一个充分沟通的过程，也是管理者与下属就绩效计划的内容达成一致，并通过绩效协议做出绩效承诺的过程。绩效沟通的准备主要从沟通形式和沟通内容入手。绩效沟通的形式应根据绩效管理的实际需要确定，可以召开全员性的动员大会，也可以召开小型动员会或讨论会，还可以进行一对一的绩效计划面谈。

处于不同发展阶段的组织的沟通内容不一样。例如，首次实行规范的绩效管理的组织，在制订绩效计划的时候，通常需要让所有人员明确如下问题：

绩效管理的主要目的是什么？

绩效管理对员工个人、部门以及组织有什么好处？

员工个人绩效、部门绩效与组织绩效的关系是什么？如何保持一致？

绩效管理系统中的重要环节和关键决策有哪些？

如何才能在组织内部建立起高绩效文化？

对于已经建立了健全完善的绩效管理系统的组织，其沟通内容则可以直接聚焦绩效计划本身。管理者和下属需要在良好的沟通环境和氛围下，集中沟通以下几个方面的内容：

高层管理者需要提供组织信息，主要是战略目标和行动计划相关信息。

中层管理者需要传达组织信息，并提供全面、详实的部门信息，特别是部门的关键业务领域、重点任务和主要计划等相关信息。

管理者要选定绩效管理工具，并在此基础上进行沟通。

管理者向下属提供系统全面的绩效反馈信息。

员工提供初步的绩效计划和行动方案，以及绩效执行过程中可能遇到的困难和需要的帮助等相关信息。

为了确保绩效计划兼具科学性、实效性和可操作性，管理者和下属还需要在计划制订之前收集其他信息。

三、绩效计划的制订

绩效计划的制订工作具有重要的意义和作用，绩效计划的质量决定了整个绩效管理系统的成败。在绩效计划制订过程中，组织需要考虑绩效计划能否被有效执行，是否便于有效监控，是否面向绩效评价，以及计划被成功执行后，结果能否被有效应用等。绩效计划制订的过程就是一个持续沟通的过程，其主要成果就是在充分沟通的基础上，制订切实可行的绩效计划，并保障个人绩效计划和部门绩效计划对组织绩效计划的有效支持，最终为实现组织战略目标服务。

四、绩效协议的审核和签订

绩效协议的审核和签订是对初步拟订的绩效计划进行再审核和确认的阶段。这个阶段的时限可以根据绩效计划的复杂程度或者层次的不同而确定。一般组织绩效计划和部门绩效计划审核的时间更长、反复修订次数更多，个人绩效计划审核、修订的时间较短。

绩效协议的审核主要是针对绩效计划拟订过程中的未尽事宜进行增补或修订，是对计划细节的进一步确认。管理者和下属都有义务对完善初步的绩效计划做出努力，需要对一些细节问题深入思考、反复推敲和最后确认，其中需要注意的问题如下：

在本绩效周期内，主要工作内容和职责是否明确？

应达到何种工作效果？这些效果可以从哪些方面去衡量？评判标准是什么？

各个绩效指标的权重分配是否科学？各类目标主次是否明确？对战略实现非常重要的目标是否受到了足够的重视？

在本绩效周期内，绩效目标是否需要分段完成？对目标完成过程中存在的困难和挑战的估计是否充分？领导应该提供的帮助是否足够？

下属在完成工作任务时拥有哪些权利？决策权限如何？

表6-5是某公司某部门的月度绩效计划。

表6-5　月度绩效计划

部门名称：　　　　　　　　　　　　　　　　　　　　　　时间：

指标名称	指标类型	计划类别	指标来源	指标定义	分值设定	考核标准	考核得分
1							
2							
3							
4							
5							
……							

制表：　　　　　　　审核：　　　　　　　审批：

年度的绩效合同如表6-6所示。

表6-6　部门年度绩效合同（年度绩效考核指标）

单位	人力资源部	考核期限	2022-01-01—2022-12-31

本年度工作重点：
1. 推动绩效管理体系的建设
2. 进行工作分析，为组织设计与岗位调整提供基础，并依此获得上级对本公司调整方案的支持
3. 以绩效考核结果为基础，推动人事政策与业绩考核和素质能力评议的挂钩
4. 对劳动与社会保险政策进行梳理，根据公司承受能力，提出逐步规范的方案，降低风险
5. 推动人力资源业务现代化管理进程，提高效率，提高信息共享程度，降低劳动强度
6. 按照集团公司人力资源部的要求完成其推行的重点工作（届时按需要变更合同）

续表

KPI指标	权重/%	基本目标	期望目标	执考部门
1. 绩效管理推进目标达成率	25%	通过集团公司验收	综合指数超过集团公司平均值5%以上	数据来自集团公司，企划部执考
2. 完成工作分析及组织与岗位调整方案预案	20%	分析报告通过公司审查	集团公司同意按公司方案调整组织与岗位	绩效委员会
3.				
4.				
5.				
6.				
……				

基础绩效指标	考核标准	执考部门
1. 不发生人身事故	发生××，扣减××……	安监部
2. 不发生影响稳定和企业声誉的事件	发生××，扣减××……	纪委
3. 不发生刑事及治安案件	发生××，扣减××……	纪委
4. 部门费用预算不超支	超额××，扣减××；节约××，奖励×××……	财务部
……		

简而言之，通过绩效计划的制订，公司高层与部门经理、部门经理与员工之间要就下列问题达成到一致：部门或员工应该做什么？工作应该做多好？为什么要做该项工作？什么时候要做该项工作？其他相关的问题如环境、能力、职业前途、培训等。

本章案例

A公司是家电行业的领导厂家之一，长期依靠对产品质量、销售和生产的投入取得成功。随着竞争的加剧，A公司近年来也加大了对新产品的投入，并建立了一定规模的研发队伍和引入IPD研发模式。但在绩效管理上，A公司仍然采用以前的模式。

每年年底与次年的年初，都是公司绩效经理石先生最紧张和头疼的时期，总经理将绩效管理工作完全授权给人力资源部下属的绩效管理科。在2—3个月时间内，石先生要根据对下年度总体目标的指示，经过自己的理解加工，将公司目标分解为市场体系、研发体系、生产体系、财经体系等分目标，并与各体系的主管副总、各个职能部门经理分别进行一对一沟通，达成一致见解，最后由总经理拍板。绩效目标的达成率影响部门的考评，并直接和各个部门的工资、奖金挂钩，所以各位副总和部门经理对选取什么指标及目标值都非常重视，都从自己部门的角度出发对指标的合理性进行可行性研究，尽量避免设定过高的绩效目标导致部门最终的绩效考核分数不高。

不过指标最终还是由石先生综合衡量，以便和公司最终目标一致。虽然总经理有一些指示，但都是零散和不系统的，指标全靠石先生和各部门的"诸侯"讨价还价后确定。比如说研发部门避重就轻地选择一些好量化、容易达成的指标，如"出勤率""客户问题解决""新产品开发周期"等，而将一些不易衡量、不确定性过高的指标摒弃，如"关键技术掌握程度""员工能力培养""新产品竞争力"等，但有时候这些被遗弃的指标反而对部门的发展有至关重要的影响。

有时候石先生对所制定的目标不太满意，但是各位副总、部门经理却毫无疑义。总经理公务缠身，没有太多时间参与绩效计划的制订，在各副总和各部门都达成一致的情况下，大笔一挥签字同意，就由人力资源部门下达给各部门执行。

每一次绩效考核的结果显示，各个部门都能达成绩效计划阶段所制定的目标，绩效管理制度正常运行，指标完成率为90%—110%，但是公司的总体目标总是达不成，技术积累、新产品竞争力、竞争地位等"软性目标"也与竞争对手的差距越来越大。

问题：

1. A公司在绩效计划阶段存在哪些问题导致其无法实现总体目标？

2. 结合绩效计划的相关理论知识，谈谈你对于改进A公司的绩效管理的建议。

第七章 绩效计划实施与辅导

绩效管理与绩效考核是两个不同的概念,绩效考核的关注点在目标和结果层面,而绩效管理的关注点不仅包括目标和结果,还包括员工完成绩效的过程。绩效管理是部门管理者与员工之间的一个持续互动过程。其中,绩效辅导环节的缺失,可能会导致企业的管理成本增加,破坏部门内部的团结氛围,降低工作效果,甚至会发生考核意外。因此,在绩效管理的过程中,如何发现员工存在的问题并制订相应的改进计划,从而使其更好地完成绩效目标,都是绩效辅导不可忽视的环节。

第一节 绩效计划实施

一、绩效计划实施要求

一旦绩效计划开始启动,员工就必须努力去取得结果,并且展示出在早些时候自己同意履行的那些行为,同时满足开发计划提出的各项要求。绩效计划实施是指员工根据已经制订好的绩效计划开展工作,管理者对员工的工作进行指导和监督,对发现的问题及时协助解决,并根据实际工作进展情况对绩效计划进行适当调整的一个过程。简单来说,绩效计划实施是指已经制定好的绩效目标的实施过程。绩效计划实施阶段必须具备以下特征要素:

(1) 对达成目标的承诺。员工必须承诺达成已经确定的目标。强化员工承诺的方法之一是让员工积极地参与到设定目标的过程中来。

(2) 寻求持续性的绩效反馈和指导。员工不一定非要等到绩效评价结束时才能获得绩效反馈,也不能等到出现严重问题时才去寻求上级的指导。员工在向其上级寻求绩效反馈和指导时,应当扮演一种积极的角色。

(3) 和上级之间的交流。管理人员总是忙于应付各种事务,因此员工有责任主动与自己的上级进行坦率而经常性的沟通。

(4) 收集和分享绩效信息。员工应该经常向自己的上级汇报关于绩效目标实现程度的最新进展情况，汇报的内容既要包括行为方面的情况，也要包括结果方面的情况。

（5）为绩效审议做好准备。员工不应该一直等到绩效周期结束时才准备绩效审议。相反，员工在工作过程中应该坚持做出持续性的、现实性的自我评价，以在必要时及时采取相关的纠正行动。从同事和客户（包括内部客户和外部客户）那里收集一些非正式绩效信息，员工自我评价的有效性可以得到加强。

二、绩效计划实施的管理者责任

虽然员工对绩效计划实施负有主要责任，但是上级管理者也需要履行自己的职责。作为上级管理者，应当在以下几个方面承担主要的责任：

（1）观察并记录。上级管理者必须每天观察和记录员工的绩效。保持对员工的优良绩效和不良绩效事例的记录是一件非常重要的事情。

（2）更新。因为组织目标可能会发生变化，所以不断更新和修订当初制定的目标、标准、关键职责（从结果的角度来看）和胜任能力（从行为的角度来看）就显得非常重要。

（3）反馈。上级管理者必须在绩效周期结束之前，经常向员工提供他们在实现目标方面取得的进展状况的反馈，同时向他们提供绩效改善方面的指导。

（4）提供资源。上级管理者应当向员工提供各种资源以及参加活动的机会，应当鼓励（和推动）员工参与培训、去上一些课以及参加一些特殊的工作安排。总的来说，管理者有责任确保员工获得有助于他们完成工作的各种支持性资源以及资金。

（5）强化。管理者必须通过强化员工的有效行为以及在实现目标方面取得的进步，让员工们知道他们的突出绩效已经受到上级的关注。同时，上级管理者还应当针对员工的不良绩效提供反馈，让他们知道应当如何改进已经发现的问题。然而，仅有观察和沟通是不够的，一旦发现绩效问题存在，就必须及早进行诊断，并采取适当的措施及时解决。

表 7-1 为绩效计划实施阶段员工和管理者各自需承担的责任。

表 7-1 绩效计划实施阶段员工和管理者各自需承担的责任

人员	员工	管理者
责任	对达成目标的承诺	观察并记录
	寻求持续性的绩效反馈和指导	更新
	和上级之间的交流	反馈
	收集和分享绩效信息	提供资源
	为绩效审议做好准备	强化

三、绩效计划实施的环节

具体而言，实施绩效计划的主要环节见图7-1。

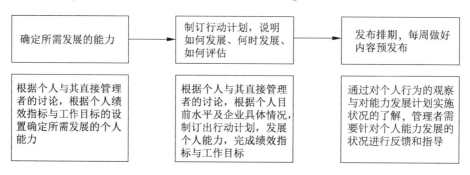

图7-1 绩效计划实施的主要环节

第二节 绩效辅导概述

一、绩效辅导的概念

绩效辅导是为了帮助员工完成绩效目标，管理者就当前的绩效进展情况，与员工讨论可能存在的问题和障碍，并共同制订解决方案，对员工进行有计划、有目标、有步骤的指导、培训或帮助，从而解决问题的过程，是上级辅导下级达成目标或者提高绩效的重要方式。绩效辅导的生命线是双向沟通，是员工与管理者共同参与并形成绩效伙伴关系，共同完成绩效目标的过程。见图7-2。

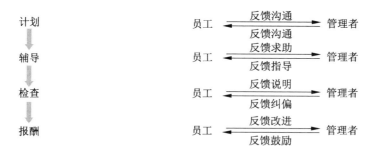

图7-2 绩效辅导的双向沟通

二、绩效辅导的内容

具体来说，绩效辅导的主要内容包括：
（1）与员工沟通或交流，为员工提供学习、培训和交流的机会。

（2）定期召开工作总结会议或项目例会，就项目阶段性进展做出总结。

（3）与员工就工作过程中的突发事件确定紧急处理方案。

（4）对员工的有效行为做出鼓励，对无效行为及时做出纠偏。

（5）对员工工作职责和工作内容做出安排或修改，对员工工作内容中的关键要务进行讨论和反馈。

（6）评估员工提出的工作请求、想法或资源需求，并给予其必要的支持。

（7）对员工绩效目标或工作计划进行跟踪或修改，与员工讨论并做出员工个人绩效承诺更新。

当然，并不是所有的管理者都能完整采取以上所列举的这些辅导行为，但是绩效辅导中的主要职能和关键行为的履行，对于组织的绩效成果至关重要。见表7-2。

表7-2 绩效辅导的内容

行为	主要职能	关键行为
内容	提供意见	制定开发目标
	给予指导	有效沟通
	提供支持	激励员工
	赋予信心	记录绩效
	提升胜任能力	提供反馈
		诊断绩效问题
		开发员工潜能

三、绩效辅导的作用

绩效辅导不仅能够前瞻性地发现问题并在问题严重之前将其解决，而且贯穿了绩效管理的整个过程。通过实施绩效辅导，管理者可以对绩效情况进行持续监控，并在此过程中不断提供反馈意见和必要指导，从而保证员工达到工作标准，使考核者全面、客观地了解被考核者的工作情况、工作能力。同时，被考核者能够对自己的绩效责任有更清楚的认知，始终明确组织及部门的目标和方向，特别是当组织的战略目标发生调整或变化时，员工能够最大限度地发挥自己的潜能，提高工作能力和绩效。绩效辅导对管理者和员工的具体作用如表7-3所示。

表 7-3 绩效辅导的作用

绩效辅导双方	绩效辅导作用
部门管理者	全面了解下属的工作状态,掌握工作进展的相关情况,并有针对性地提供支持与帮助 公平、客观地考核员工的绩效,帮助员工发现并认识自己的不足,及时做出调整 帮助员工拓宽思维与知识面,提升员工的绩效能力,进而综合提高部门的绩效能力 提高绩效管理的有效性,提高员工对绩效考核及考核结果应用的满意度,有利于绩效激励作用的发挥 能及时发现员工工作中的偏差,提出有针对性的改进计划,进而帮助员工实现绩效目标,保证部门绩效目标的实现
员工	能及时认识到自身在这一阶段的不足之处,有针对性地做出改进,提升自身的能力 提供了与管理者进行平等沟通的机会,有利于管理者与员工建立良好的合作关系 员工明确自己的工作任务,保证自己的工作方向与部门保持一致 能将工作中的困难及需要及时告知上级,获得支持与帮助,保证绩效目标的实现 能让员工得到及时、客观、准确的绩效反馈,对绩效考核的结果产生一定的心理预期,进而保持或改进自身的工作状态

在这一过程中,管理者与员工紧密联系在一起,经常性地针对现有不足和可能出现的问题进行讨论,二者时刻保持对绩效完成情况的沟通,不仅能够共同进步和提高,而且有利于建立良好的工作关系。绩效辅导是绩效管理的核心,关乎着绩效考核的成败,是组织推进绩效管理工作的重要环节。它对员工绩效水平的影响如图 7-3 所示。

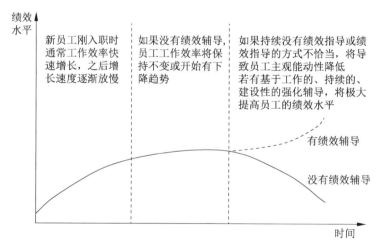

图 7-3 绩效辅导的影响

四、绩效辅导关注的问题

员工绩效差的原因有很多,有的是因为态度问题,有的是因为缺乏经验,有的是因为能力有限,有的是因为受到自身的情绪影响,有的则是因为管理者没有将工作及时、准确地传达给员工,没有对工作进行合理安排。因此,在进行绩效辅导之前,首先要对员工绩效进行诊断(诊断维度如图7-4),并在之后持续进行绩效过程的监控,重点关注以下问题:① 员工工作职责完成得怎样?还有哪些方面做得不好?② 员工是在朝着实现目标的轨道上前行吗?③ 如果偏离轨道,需进行哪些纠偏行为才能回到轨道上来?④ 在支持员工进步方面,自己能做些什么?⑤ 是否发生了影响员工工作任务或重要性次序的变化?如果发生了,在目标或任务方面应做哪些改变?

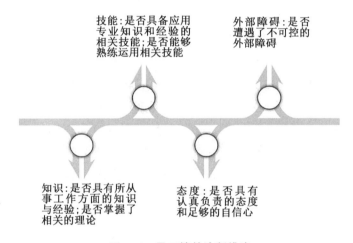

图 7-4　员工绩效诊断维度

管理者在发现员工绩效存在问题的相应原因之后,需要及时提出相关的改进意见,对员工进行绩效辅导,进而提高员工的绩效能力。与此同时,管理者也需要注意选择恰当的时机,如在分配工作、日常管理、汇报工作、部门会议和部门培训时,管理者都可以对员工进行绩效辅导。具体的恰当时机大致有以下六个:

(1) 当员工需要采取其他的工作方法才能更好地完成任务时;
(2) 当员工被安排参与一项重大的或特殊的项目时;
(3) 当员工学习实现绩效目标所必需的新技能时;
(4) 当员工面临新的职业发展机会,但尚在犹豫或者质疑自己时;
(5) 当员工未能按时、按质、按量完成绩效任务时;
(6) 当员工分不清工作的重要性及轻重缓急时。

虽然绩效辅导存在时机选择的必要,但是它又不应当仅仅在绩效管理的前端或末端实施,而应贯穿绩效管理的整个过程。在这整个活动过程中,管理者需要注意以下几点：管理者要对员工表现出充分的信任；对员工的辅导应该是经常性的，而不是等到出了问题才进行辅导，甚至当员工绩效表现出色时，也应该进行辅导；要给员工独立工作的机会，将传授和启发相结合，注意挖掘员工个人的主观能动性及潜能。员工是自我变革的源头和主导者，管理者则扮演着员工成长的助推器这一角色，其作用就是为员工自我成长和发展指引方向，帮助员工最大化地发挥个人潜能，实现工作目标。为了实现这一目标，管理者必须及时、主动地告诉员工个人的具体表现，让绩效辅导成为积极、主动、持续的沟通过程。

五、绩效辅导类型

绩效辅导的语境形式多种多样，在不同的情境之下，管理者的个性特点和行为偏好可能会影响绩效类型的选择。同样，由于员工的能力和工作任务的难易程度不同，管理者采取的绩效辅导方式也不一样。

（一）教学型与学习型绩效辅导

对缺乏相关知识和经验的新员工来说，管理者需要给他们明确的指示或命令，培养其独立完成工作的能力。对初步具备相关知识和能力的员工来说，管理者可以适当放手，让他们进行观摩学习，并在工作方法上指导他们。对具备相关工作经验并能熟练掌握工作技巧的员工，绩效辅导可以在方向指示的基础上，拓展员工的知识技能面，鼓励他们尝试新的方法，增强他们的自主性和创新能力。具体来说，教学型与学习型绩效辅导可以分为命令与劝说式、演示与帮助式、拓展与挑战式、鼓励与表扬式四种，如图7-5所示。

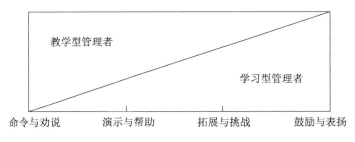

图7-5　教学型与学习型绩效辅导

（二）行为矫正型与资源支持型绩效辅导

在整个绩效辅导的过程中，管理者不仅扮演着职业导师的角色，及时纠正员工的偏差，启发员工的思路，教导员工知识，同时也发挥合作伙伴和资源支持的作用，在放权或放手让员工进行自我管理的同时，协调员工所需要的资源。绩效辅导其实就是为员工提供工作支持的过程。按其支持内容的不同，绩效辅导大致可以分为两类：一是管理者给员工提供技能和知识支持，同时帮助员工矫正行为；二是管理者向员工提供职权、人力、财力等资源支持，帮助员工获取工作开展所必备的资源。如图 7-6 所示。

矫正行为
员工在工作过程中出现行为或目标偏差时，管理者要及时对其进行纠正。在偏差纠正过来后，管理者确定员工能够按照计划进行且没有偏差，就可以放手让员工自己着手工作。

资源支持
员工由于自身职能和权限的限制在某些方面可能会遇到资源调度的困难，而这些资源是其完成工作所必需的。此时，管理者应向员工提供必要的资源支持，协助其完成工作任务。

图 7-6　行为矫正型与资源支持型绩效辅导

（三）正式型与非正式型绩效辅导

绩效辅导沟通的方式可以是正式的，也可以是非正式的。正式的辅导沟通方式包括定期的书面总结，如月度总结、季度总结；定期的部门会议，如部门月度例会、季度例会；还有就是一对一的正式面谈。非正式的辅导沟通方式，如平时工作中对员工工作进展的讨论，茶话会、联欢会之类的非正式会议等。具体方式见表 7-4。

在以上的沟通方式中，书面总结结合一对一面谈是最有效的辅导手段。书面总结（一份完整的书面总结应包括的内容详见表 7-5）可以使员工理性、客观、系统地思考问题，对自己的绩效表现及出现的问题有清晰的认识。而且，定期提交书面总结，也避免了工作时间上的冲突。但是书面总结也有缺点，它仅仅实现了信息从员工到管理者的单向流动，缺乏双方的双向沟通，可能导致双方理解的偏差。因此，将书面总结与一对一面谈结合起来，能有效避免上述问题。

表 7-4　正式型与非正式型绩效辅导

沟通类别	沟通方式	沟通内容
正式沟通	书面总结	员工通过文字、图表等形式向上级汇报工作进展情况，并将工作开展中遇到的问题、需要的帮助都写进总结里，以求得到管理者的支持与帮助，常见的形式有周工作总结、月度工作总结、季度工作总结等
	部门会议	召开部门会议，就各自的工作情况进行说明，部门管理者借此了解部门绩效目标的完成情况，并对其中存在的问题进行纠正，确保部门发展有正确的方向
	一对一面谈	以一对一面谈的方式进行沟通，管理者和员工能够进行深入交流，双方信息对接更顺畅，高效方便，有利于建立融洽的上下级关系

续表

沟通类别	沟通方式	沟通内容
非正式沟通	走动式管理	在日常工作中，管理者随时走到员工工作岗位上，现场交流并解决员工工作过程中出现的问题
	非正式会议	部门聚餐、联欢会或者下午茶休息时，管理者可以在随意轻松的环境中和员工进行交流，指导员工的工作
	实时在线	管理者和员工通过组织内部网络、微信等社交软件，进行随时随地的在线交流，及时沟通、解决工作中的问题
	电话沟通	管理者与员工通过电话进行交流

表 7-5　书面总结内容

形式	工作日志、周总结、月总结、季度总结、年度总结
内容	1. 目标完成情况陈述，即用事实和数据陈述指标完成情况 2. 优秀业绩表现分析，包括具体事例分析及从中提炼出的可借鉴的经验 3. 不足业绩表现分析，包括失败事例分析及失败原因分析 4. 工作中的挑战与机会，包括 SWOT 分析、竞争对手分析、市场现状等 5. 绩效改进的要点与行动措施、能力提升的要点与方法 6. 需要得到的支持与帮助 7. 目标调整的方向及确定新目标的建议

六、绩效辅导风格

（一）绩效辅导风格的类型

管理者的个性特征、行为偏好和价值取向会影响其绩效辅导风格，大致可以分为四种：推动者、说服者、温和者和分析者。推动者就是直截了当地告诉员工应该做什么，这种管理者一般只讨论工作任务。管理者也可以采取劝说的方式让员工按自己的想法行事，这种风格的管理者往往倾向于使用丰富的肢体语言，也较多谈论人际关系和个人感受，这种管理者即说服者。另外，当管理者的主观感受超越其客观性，多数时候坚持"从感觉上来说"，并希望员工能够快乐，这种则被称为温和者。最后一种分析者风格，则是指管理者倾向依据某些规则或者程序，用一种系统的、逻辑性较强的方式对绩效进行分析。这四种风格如何判定好坏呢？其实，并没有一个准确的答案说明某一种风格一定优于其他风格，但可以肯定的是，只强调其中的任何一种辅导风格对员工的开发和成长都不利。同时，管理者要根据员工的需要调整自己的辅导风格，适应性的辅导才是最有效的。

（二）绩效辅导风格测评

关于如何确定管理者的辅导风格，可参照下述方法。表 7-6 中共有 15 行形容词，每行有 4 个。请从每行中挑选出最符合你对自己看法的形容词并圈出来。如果你认为某行 4 个词都符合或都不符合你的看法，就选择最符合或最接近的 2 个。

表 7-6 绩效辅导风格特征

序号	风格特征			
	A	B	C	D
1	有条理	莽撞	有魅力	老练
2	有逻辑	倾诉	礼貌	倾听
3	勤奋	独立	平易近人	合作
4	严肃	果断	健谈	沉思
5	认真	坚决	热情	仔细
6	中肯	冒险	亲切	温和
7	实用主义	有野心	有同情心	优柔寡断
8	自控	强权	情绪外露	一丝不苟
9	目标导向	独断	友好	耐心
10	有条理	敏捷	真诚	谨慎
11	公事公办	明确	善于交际	精确
12	勤勉	坚定	开朗	挑剔
13	有秩序	坚持己见	幽默	思考
14	正式	自信	善于表达	犹豫
15	坚持	有说服力	令人信任	拘谨
合计				

然后统计一下在每一列选择的词语总数有多少个,将这些数字标注在图 7-7 坐标轴的相应位置上,最后将这些标记处进行上下左右的延伸,从而形成一个矩阵。举例来说,假如在 A 列选了 9 个词,在 B 列选了 8 个词,在 C 列选了 7 个词,在 D 列选了 8 个词,那么这个矩阵的形状就如图 7-8 所示。在这个例子中,被矩阵覆盖的区域表明,这个人主要属于推动者和分析者,但也有可能是一位说服者和温和者。

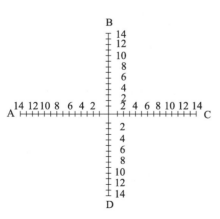

图 7-7 绩效辅导风格坐标轴

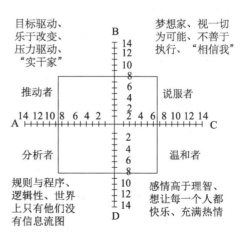

图 7-8 绩效辅导风格示例

第三节 绩效辅导流程

一、制定开发目标

绩效辅导流程中的第一步是制定开发目标，这一部分是在管理者发现各种问题的基础上展开的。管理者通过收集、分析和整理员工绩效的相关数据与信息，对员工绩效进行综合评价，找出员工可能存在的问题和在工作中需要改进的方面，在与员工进行交流之后提出对应的处理方法和新的任务目标。这些目标必须是合理的、适时的，并且是通过对员工需要改进的领域进行细致分析后得到的具有可实现性的目标。另外，制定开发目标还要综合考虑员工长期和短期的职业发展目标。

二、确认开发资源和策略

绩效辅导流程中的第二步是确认员工达到其开发目标所需的各种开发资源和策略。正如前面绩效辅导内容中提到的，这些资源和策略包括在职培训、授课、参加会议、职位轮岗等。

三、实施开发策略

绩效辅导的第三步是实施开发策略以期员工能够实现其开发目标，在这一阶段中，员工开始参与到相关课程的学习和技能培训中。

四、描述与评价

下一步是收集员工在之前开发过程中的数据并进行描述和评价。认真记录员工在实现开发目标方面的整体绩效和取得的进步，这无疑非常重要。在这一阶段，管理者要描述员工的具体行为，而不是概括性地直接总结，可以解释这个行为对绩效目标可能产生的具体影响，但是不能以此限制员工的思考和自我反省。管理者如何才能以一种有效的、富有建设性的方式来记录员工的开发活动呢？可以参考以下建议：

（1）记录要具体、全面。要记录具体的时间和结果，或提供具体的事例来证明记录的观点。完整性是判断绩效辅导书面记录质量的评判标准之一，要将整个周期内与所有开发目标和开发活动有关的绩效信息都记录下来，并且记录的对象应当是所有员工，包括那些未达到目标的员工。

（2）尽量少用形容词和副词。评价性的形容词（如良好的、糟糕的）和副词（如较快的、有时）可能会导致解释的模糊性。此外，关于绩效水平的记录，平均水平或较高水平很难进行准确的分析。

（3）平衡正面绩效和负面绩效的记录。管理者不能仅仅关注正面的活动或负面的绩效，为避免单一误差，应同时记录优良和不良的绩效行为。

（4）集中记录与工作相关的信息。集中关注那些与开发活动及其目标实现情况相关的信息，保证绩效记录的及时性和有效性。

（5）程序要标准化。使用相同的方法和格式记录所有员工的信息，避免在绩效辅导书面记录上交之前"临时抱佛脚"，应付了事。

（6）描述可观察的行为。在描述时要使用陈述性语句，避免使用带有主观判断或偏见的陈述。

五、绩效辅导反馈

绩效辅导的最后，管理者还需要根据员工实现每一项绩效目标的程度向员工进行反馈，然后再对开发目标进行修订。所谓反馈，就是指向员工提供与他们过去行为有关的信息，着眼点在于提高员工未来的绩效，这在帮助员工树立信心、开发胜任能力、强化员工参与等方面发挥着重要作用。而此时，新一轮的绩效辅导流程又将开始。要让绩效反馈体系发挥其最大作用，可参考表7-7中的建议。

表7-7　发挥绩效反馈作用的建议

特征	具体解释
及时	绩效事件发生后，应尽可能迅速提供反馈
经常	反馈提供和绩效改进应当是一项持续性的活动
具体	反馈内容应包括具体的工作行为和结果，以及发生的具体情境
可验证性	反馈中的信息必须是可验证的、准确的，而非来自传言或是被演绎出来的
前后一致	关于某一特定方面的绩效不应出现一开始高度赞扬，后来又严厉批评这种变化
保护隐私	反馈需要考虑到员工的个性特点或者文化背景因素，避免当事人可能面临的尴尬状况
说明后果	反馈内容应当包含一些背景性的信息，从而让员工能够理解相关行为和结果的重要性，以及可能引发的后果
先描述，再评价	反馈最好的做法是，先描述观察到了哪些行为和结果，在与员工确认事实后，再对所观察到的事实进行评价

续表

特征	具体解释
描绘绩效渐变程度	在提供反馈时,应当将绩效描述为一个连续性的渐变区间,即在这个区间内会呈现出由好到坏或者由低到高的绩效渐变过程。换言之,在反馈中应当提供这样的信息:如何才能更经常地表现出代表优良绩效的行为,不经常地表现出代表不良绩效的行为。这样一来,绩效就成了一个程度问题,哪怕绩效最糟糕的人也有代表某些绩效的闪光点,以此作为改进员工绩效的切入点
确定不良绩效模式	相比于独立的事件和错误,不良绩效模式的反馈效果更好,更容易理解不良绩效产生的原因,从而进行绩效改善
对员工有信心	良好的绩效反馈还应当包括管理者对员工的一种表示,即相信员工有能力改进自己的绩效。对于员工来说,从自己的上级那里得到这种信息是非常重要的
提出建议和方法	在反馈中可以包括上级对员工提出的改进绩效的建议。但是同时需要注意,员工本人也要积极主动地寻找提升绩效的方法

第四节 绩效辅导工具及其技巧

一、绩效辅导工具

有的管理者不知道如何对员工开展绩效辅导,或者出现实施了某一项辅导忘了另一项辅导的情况。这种情况下,GROW法则是优化绩效辅导的常用工具,它包括四部分:G(Goal,目标)、R(Reality,现实)、O(Options,选择)、W(Will,决心)。GROW法则能帮助员工认识自己的能力,找到完成目标的方法,最终帮助员工快速成长。

(1)明确目标。管理者首先要与员工一起建立目标。目标是努力的方向,明确了方向,工作才有可能开展得有意义、有价值。在明确目标方面,管理者可以和员工先明确以下问题:① 本次绩效辅导主要想解决什么问题?② 希望得到什么结果?③ 如何确定目标?④ 目标是不是有挑战性的、可以达成的、可以衡量的?⑤ 准备多久达成目标?⑥ 是否可以将总目标进一步分解成不同的阶段性目标?

(2)认清现实。在绩效辅导过程中,管理者要和员工一起了解当前的现实状况。以事实为依据,不能依靠凭空的想象或拍脑袋来做出决策。以下问题值得探讨:① 发生了什么事情?当前的现实状况是怎样的?② 员工如何评价自己当前的工作状况和出现的问题?③ 为解决问题采取了哪些措施?结果怎样?④ 完成工作目标过程中还需要什么帮助?

（3）选择方案。开展绩效辅导时，管理者要和员工一起讨论方案，不应完全由员工或者管理者制订，因为这样制订出的方案可能会趋于简单或者不切实际。在选择方案方面，管理者和员工要共同思考：① 员工准备如何解决这些问题？② 还有谁能帮助解决这些问题？③ 有没有其他更好的选择？④ 管理者认为该问题应如何解决？⑤ 管理者可以提供什么样的建议？

（4）达成意愿。在绩效辅导的最后，管理者要和员工达成一致的意见。意见一致代表着双方沟通后都能接受制订出的方案，是一种管理和辅导的平衡。在达成意愿方面，需要注意以下几点：① 员工下一步准备做哪些明确的、具体的事情？② 在不同的解决方案中，员工比较倾向于哪一种？③ 准备什么时候开始行动？何时完成行动？④ 除了管理者以外，还需要谁为员工提供帮助？⑤ 执行方案的过程中可能会遇到什么样的困难？准备用什么方式面对这些困难和阻力？⑥ 如何跟踪该工作的进度？

二、绩效辅导技巧

除了掌握绩效辅导的渠道和法则之外，部门管理者还需要掌握一些能够提升绩效辅导效果的方法，这些方法主要体现在营造良好的辅导氛围，以及有效倾听、有效沟通、传授技能、激励员工，提升自身的目标管理能力等方面。

（一）营造良好的辅导氛围

营造持续互动、和谐友爱的环境和氛围对于做好绩效辅导有积极的影响。

（1）管理者要掌握好绩效辅导的时间。辅导的时间要适宜，过长会使双方疲劳，过短则不能保证双方交流透彻。一般来说，普通员工的绩效辅导时间以30—45分钟为最佳，中层管理者的绩效辅导时间以60—120分钟为最佳。

（2）选择合适的场所进行辅导。进行正式的辅导时，一间安静的、单独的办公室或会议室是不错的选择。办公室应该是与外界隔开的，以外面的员工看不到、听不到面谈的过程为最佳。如果是非正式的辅导，则可以选择安静、人少的咖啡厅、茶馆或餐厅。

（3）管理者要放弃高高在上的指挥者的姿态，鼓励员工畅所欲言，拉近与员工的距离。要让员工接受管理者作为绩效伙伴这一角色，才能充分了解员工的想法。

（二）认真倾听

认真倾听是体现管理者充分尊重员工的一种方式。如果管理者学不会倾听，那么绩效辅导很可能会演变成一种管理者单向的指示或命令。要实现认真倾听，需要注意以下几方面：首先，全程投入，适时反馈，管理者的注意力要集中在实际辅导过程中，保证双方信息的交流对接，比如目光接触、点头示意等都是用心倾听的表示。其次，在避免出现太多小动作的同时，管理者更要尽量减少含消极情绪的行为，如打哈欠、伸懒腰等。最后，管理者不应随意打断员工的讲话，不要先入为主，急于下结论，要鼓励员工自己指出问题所在。具体见图7-9。

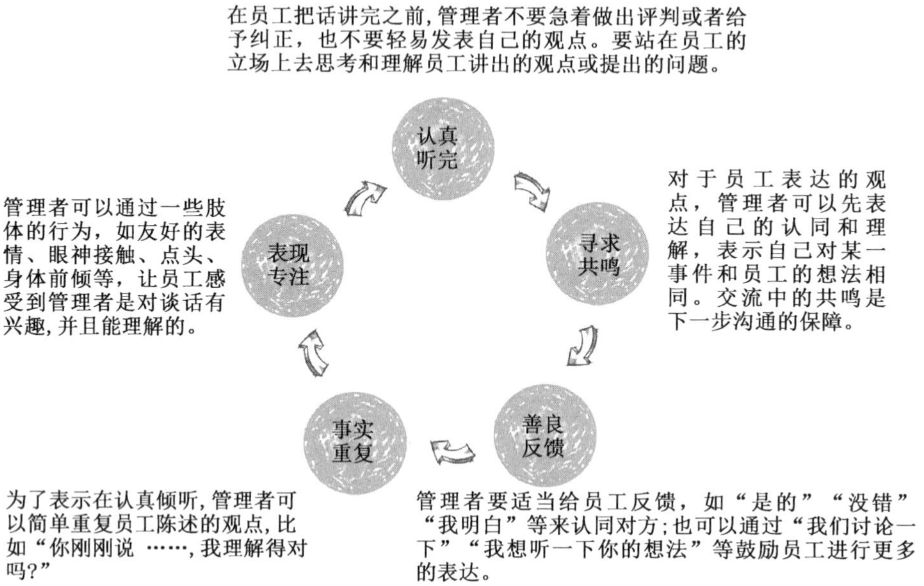

图7-9 认真倾听的要求

（三）有效沟通

沟通的过程是决定考核双方绩效辅导质量的关键要素。良性的沟通能够把信息充分地表达出来，管理者可以在与员工的对话中了解员工的工作进展，发现员工存在的问题与遇到的困难，进而帮助员工解决绩效问题。可以说，良好的沟通能力是管理者做好绩效辅导工作的重要前提。因此，管理者可以从以下方面来提高自身的沟通能力：第一，管理者在沟通过程中要避免带有情绪，要冷静、客观地帮助员工解决问题，与员工达成一致意见，不能随意发号施令或大发雷霆。第二，管理者在沟通过程中要避免泛泛而谈，言之有物、有理有据才能让员工更加清楚地发现问题，找到重点。第三，沟通结束后要及时进行总结，对管理者和员工达成的共识进行复述，并签字确认形成书面记录。见图7-10。

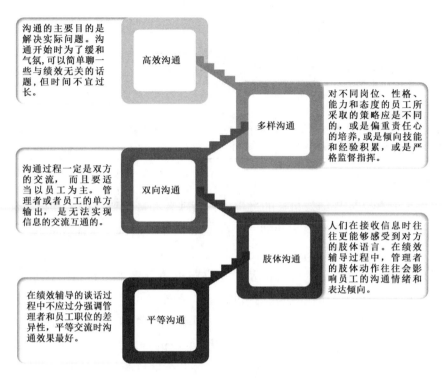

图 7-10 有效沟通的方法

(四) 传授技能

不是每一位管理者都知道该如何向员工传授技能。许多管理者自己在执行任务或者完成工作时非常出色,要教别人时却不知道该从何下手。若管理者仅仅强制命令员工提高绩效,可能会带来适得其反的效果。可见,管理者要想通过绩效辅导让员工采取行动也是需要技巧的。详细的技巧和说明见表 7-8。

表 7-8 传授技能的方式

传授方式	说明
告知	管理者可以告诉员工某项工作或者某技能的具体操作步骤、流程和方法,以及操作过程中的注意事项。简而言之,就是把如何做好这项工作的相关信息传递给员工
示范	管理者可以实际操作一遍,让员工进行观摩学习。员工在这一过程中可以针对管理者的操作提出自己的想法和疑问
模拟	员工按照管理者传授的方法或者技巧,以及管理者的经验示范,进行模拟操作。管理者在这一过程中要观察员工的操作方法是否与自己一致
固化	员工在工作过程中按照管理者传授的方法不断练习,直到将这种操作方法变成一种习惯,固化成不需要思考的操作。管理者在此时间段仍然需要不断指导和纠偏

续表

传授方式	说明
改善	管理者针对员工操作中存在的问题给予指导和纠正。必要时，管理者可以重复前面的步骤内容，让员工重新模拟操作，直至员工能够独立操作并达到管理者的要求
创新	员工和管理者一起探讨在现有方法的基础上是否有进一步创新的可能，实现提高效率或效益，降低成本或风险的目的

（五）激励员工

在绩效辅导、实现绩效目标的过程中，管理者和员工要克服各种挑战和障碍。要激发员工的工作积极性与主动性，提高绩效辅导的效果，就需要管理者发挥激励能力。其一，管理者要明确表达出自己对员工的期望，确保员工能理解这个期望的具体表现、为他带来的好处以及未完成期望的后果等。其二，管理者在面对员工的求助时，应及时做出决策、提供指导，不能敷衍了事，不能打击员工的积极性。同时以身作则，不断挑战自我，对工作认真负责，将自身的态度传递给下属。其三，管理者对员工工作的评价不能是主观的判断，而是要以事实为依据。部门管理者要具体评价员工的工作过程，将每一个项目的完成情况、出现的问题、改进方法等都给员工点明，以此让员工明确自己优势和缺点。其四，管理者有必要掌握一定的语言艺术，要会想、会说，把话说到员工心里去，通过语言激励，激发员工的工作热情。激励员工的技巧见表7-9。

表7-9 激励员工的技巧

激励技巧	说明
识别期望的行为	管理者首先要识别出自己期望员工做到的行为是什么样的。这个行为要求应该是具体的，而不是靠感觉或者主观判断出来的，是要能够被员工所理解的，并且是能够被客观判断和测量的，以及对员工和管理者来说都是有意义的
传达对员工的期望	管理者要明确地向员工传达自己期望员工做的行为，确保员工可以理解这个期望行为的具体表现、带来的好处，以及如果没有达到该行为标准可能要承担的后果
对员工持续评价	要客观评价员工做出这个行为的结果，以具体的行为事实为依据而不是主观判断。管理者要评价这个行为在多大程度上表现出了管理者的期望，行为进展是否顺利，有没有出现问题，需要如何改进等
处理员工行为结果	正向的激励能够持续让员工保持某类行为，负向的激励则会导致员工的行为水平停留在负激励水平上。对于员工的行为表现，管理者要及时、严格按照规则给予相应的处置

（六）提升自身的目标管理能力

目标的设定与选择是绩效管理的起点，决定着绩效管理的方向。设定合理、科学的目标，才能更加有效、有序、及时地开展后续的具体工作，从而达到预期的效果。因此，管理者要想提高绩效辅导能力，就必须先提升自身的目标管理能力，在对企业、部门的目标有清晰、准确的把握之后，指导员工制订合理高效的绩效计划。提高管理者的目标管理能力可以从三个维度着手，具体如图 7-11 所示。

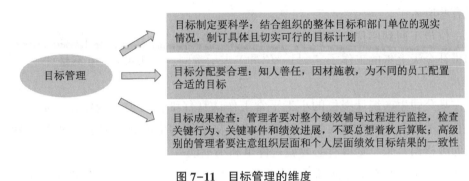

图 7-11 目标管理的维度

本章案例

一

某公司推行绩效管理，要求各部门考核人员必须对被考核人进行绩效辅导，绩效辅导的具体方式可以由考核人员自己决定，但是每月必须提交绩效辅导的书面记录。

某日上午九点，某部门管理者李总的助理小刘找到李总，说："李总，这个月的绩效辅导表该交了，人力资源部已经开始催了。您看咱们怎么办啊？"

李总说："哦，对啊，你不说我都忘了！快召集大家，咱们现在就开会！"

小刘马上把该部门所有人召集到会议室。

结果该部门的一名员工今天正好约见了客户，另一名员工定好了上午要给客户回电话，还有一名员工家里有事请假了，其他的员工手头多多少少也都有工作在处理。大家纷纷表示了不满。

身为李总的助理，小刘可不管三七二十一，对大家说道："这会可是李总说要开的，你们有什么事找李总说去，别跟我嚷嚷啊！总之我通知你们了，九点半在会议室开会，你们自己看着办吧！"

上午九点四十五分，这个部门的员工才陆陆续续到齐，李总看人到齐了，清了清嗓子,说道:"咱们今天开个绩效辅导主题的会,大家轮流说一下自己手头的工作和当前的绩效问题吧。小刘啊,从你先开始吧。"

于是,部门员工就开始说起来,李总一边听,一边点头。

大家都讲完了以后,已经接近中午十二点了,李总说:"大家说得都挺全面的,工作也都挺充实的,我也没什么好补充的,大家继续做好自己的工作吧!好了,散会!"

这类的会议每过两周左右就要开上一次,这个部门的员工虽然很不喜欢,却已经有些麻木了。

一位员工回到座位叹了口气,对旁边的同事说:"开了这一上午的会,晚上又要加班补今天上午的工作了。"另一位员工表示赞同,点头说:"可不是!"

二

在某公司生产统计岗位的小王平常工作认真仔细,极少出现错误。最近,小王的直属上级、生产考核人张总发现小王提交给他的生产统计日报表连续三次出现了低级错误。张总觉得有必要就这件事和小王谈一下。

某天上午,张总对小王说:"小王啊,我知道生产统计岗位上午都挺忙的,你看看今天下午什么时候方便,抽个二十分钟左右的时间咱们聊聊?你想想看,工作上有没有需要我提供帮助的?也想想最近工作的状况,好吗?"

小王对张总说:"好的,张总,您看看下午两点可以吗?您的时间怎么样?"

张总说:"好,正好我下午两点没安排,咱们就定下午两点吧!"

下午两点,小王来到张总办公室。

张总请小王坐到自己旁边,对小王说:"小王啊,这已经是你这个月第三次生产统计日报表出现问题了。第二次的时候我提醒过你一次,这次又出现了。统计岗位要求报表不能出现错误,这不仅会影响你的绩效考核成绩,而且报表一旦出现问题,可能会影响整个生产计划,甚至可能会给公司造成严重的损失。我想听你好好谈谈,最近工作上是怎么回事?"

小王说:"张总,真对不起,是我工作的失误。一是因为咱们新上的 ERP 我用得还不太习惯,报表导出系统时有几个数据没弄明白;二是因为最近我母亲病了在住院,我上班的时候是我爱人在照顾,我上班时老惦记着她的病。"

张总说:"小王啊,ERP 的操作我们可以慢慢学习,你有什么不会的,我们请项目团队来单独培训也没问题。你母亲的病你怎么不早说呢?现在的病情怎么样?有需要我可以准你请假去照顾一下。一会儿我和你一起去看看她。"

小王颇为感动,说:"张总,太谢谢您了!现在不用了,医生说我母亲恢复得很好,后天就可以出院了,自己在家静养就可以了。"

张总说:"你还和我客气什么,一会儿你一定要带我去一趟!明天开始给你放两天假,在医院好好陪陪你母亲,看看还有什么需要检查或注意的,后天一起回家安顿好。回来上班以后,我找 ERP 系统项目团队的人来手把手教你操作几遍,以你的聪明劲儿,以后肯定不会再出现问题了!"

小王的眼泪已经在眼睛里打转了,对张总说:"张总,您放心,我保证不会再犯那些低级错误了!休假回来以后,我一定会加倍努力工作的!"

张总送走了小王,然后在公司发放的绩效辅导面谈记录表上,写清楚了本次面谈的具体内容。

问题:

1. 案例一中的绩效辅导有哪些问题?
2. 案例二中,张总对小王的绩效辅导有何特点?你觉得这是一次成功的绩效辅导吗?

附录:

××供电公司绩效管理沟通制度
(草案)

为推动公司绩效管理工作,建立起广泛的信息沟通平台,提升工作能力,提高工作效率,促进和谐的工作关系,使绩效管理真正发挥应有的作用,特制定本制度。

第一章 总则

一、适用范围

所有与绩效管理有关的正式、非正式沟通。

二、基本原则

1. 平等、坦诚的原则。
2. 会议沟通与个别交流相结合的原则。
3. 定期与即时沟通相结合的原则。

三、绩效沟通分类

根据绩效管理的动态管理过程,绩效沟通包括以下内容:

1. 年度绩效沟通。
2. 年中绩效沟通。
3. 月度绩效沟通。
4. 工作中的绩效交流、辅导。
5. 申诉沟通。

除了通过会议交流、绩效面谈进行沟通以外,定期的报告也是非常有效的一种沟通形式。

第二章 年度绩效沟通会议

第一节 部门年度绩效沟通会议

一、会议目的

总结上年度部门绩效完成情况，找出存在的问题，提出改进措施，为参加公司年度绩效评估会议做准备。

二、会议准备

1. 每年 1 月 20 日前召开，由各部室主管召集，提前 7 天通知与会人员并告知会议主要议程。

2. 与会人员于开会前 5 日提交上年度绩效评估报告。

三、参会人员

机关部门全体成员，各专业车间班组长以上人员。

四、会议内容

1. 部门员工向主要主管汇报上年度绩效完成情况、存在的问题及改进措施。

2. 主要主管对被考评人上年度绩效合同完成情况进行点评、打分。

3. 主要主管与被考评人进行沟通，共同分析存在的问题，提出改进意见。

4. 被考评人向主要主管提出有利于自身发展的建议。

5. 审议部门业绩合同完成情况，作为报上一级的原始资料；对员工个人业绩做出总的评价，确定业绩改进计划书，为先进评比等打下基础。

6. 在部门充分沟通的基础上，汇总形成部门年度绩效评估报告，于 25 日前上报企划部。

五、会议成果

部门年度绩效评估报告。

第二节 公司年度绩效评估会议

一、会议目的

1. 总结上年度公司绩效完成情况，找出存在问题，提出改进措施。

2. 根据公司战略和公司的业绩合同，确定下年度公司 KPI。

二、会议准备

1. 每年 1 月 30 日前召开，由绩效管理办公室召集，公司办公室组织，提前 15 天通知与会人员并告知会议主要议程。

2. 公司各部门于会前 5 日提交上年度部门年度绩效评估报告。

3. 公司办公室负责汇总印刷会议书面材料。

三、参会人员

绩效管理委员会全体成员和所有职能部门主管。

四、会议议程及内容

1. 企划部汇总、分析上年度公司 KPI 完成情况，提出下年度建议计划。
2. 企划部通报各部门上年度绩效合同完成情况、考评结果。
3. 绩效管理办公室通报上年度绩效管理工作情况。
4. 公司领导点评。

第三章　年中绩效沟通会议
第一节　各部门主管年中述职

一、述职目的

中期述职是一次较正式的跟踪指导，给部门主管提供必要的指导以确保他们能达到或超越既定的绩效指标及工作计划，目的在于帮助述职人找准问题，理清思路，明确方向，促进各部门管理水平的提升。中期述职的成绩将作为部门主管年度考评的重要依据。

二、述职时间

结合公司年中工作调研会，分系统或分组进行述职，具体时间由绩效管理委员会确定。

三、参与人员

各系统分管领导及部门主管。

四、述职内容

述职人对照部门业绩合同责任书，总结上半年的执行情况，说明差距和原因；对下半年各项 KPI 做出承诺，提出实现目标的具体策略措施和资源要求，起草述职报告。具体述职报告内容包括以下六个方面：

1. 部门半年度 KPI 完成情况。

报告半年月度 KPI 完成情况，与上年同期水平相比的进步情况，对 KPI 完成情况进行结构性分析，审视全年 KPI 的完成进度。

2. 主要成绩与不足。

首先列出最主要的三项成绩，然后述职者要找准最主要的不足之处（至少三处），并按照优先次序列示和说明，同时，这一部分里还要报告上年度中期述职时所确定跟踪问题的进展情况。

3. 分析差距原因。

针对主要差距和不足，结合月度 KPI 的完成情况，分析产生差距和不足的主要原因，内容应简单明了，不要超过三条。

4. 提出改进措施。

结合下半年的工作计划，针对上半年的 KPI 完成情况提出改进目标，制定改进措施。

5. KPI 承诺和建议。

各部门应根据实际情况和公司要求，对全年 KPI 进行合理修订并做出承诺，提出改进目标以及需公司关注的战略问题和相关部门在运作方面的资源支持要求，确保全年目标的实现。

五、述职程序

1. 部门主管分别进行述职（时间为 15—20 分钟），回答委员会成员和与会人员提出的问题。

2. 分管领导根据目标达成情况和述职情况对被述职者做出评价，并填写述职评价表，由人力资源部汇总。

3. 述职评价表由人力资源部和绩效管理办公室分别存档管理。

六、述职反馈

1. 人力资源部在全部述职完毕后，以书面形式向公司领导提交述职总结报告。

2. 述职结束后，分管领导和部门主管根据述职情况进行沟通。

3. 每次中期述职结束后，人力资源部和办公室选择 2—3 篇优秀述职报告，组织公司全体员工学习，以加深对中期述职的认识与理解。

第二节　公司年中工作会议

一、会议目的

总结上半年公司绩效完成情况，找出存在的问题，分析原因，提出改进措施。

二、会议准备

1. 每年 7 月 15 日前召开，由企划部召集、办公室组织，提前 10 天通知与会人员。

2. 各部门于开会前 5 日提交上半年的部门年中绩效评估报告。

3. 企划部负责汇总印刷会议书面材料。

三、参会人员

绩效管理委员会全体成员和所有部门主管。

四、会议议程及内容

1. 企划部分析、汇报上半年度公司 KPI 完成情况。

2. 各部门主管汇报上半年部门的工作完成情况，分析存在的问题，提出改进措施。

3. 绩效管理委员会对上半年公司 KPI 完成情况、各部门工作完成情况及存在的问题进行点评、总结。

4. 会议审议通过年中绩效评估报告。

五、会议成果

年中绩效评估报告。

第四章　月度绩效沟通会议

第一节　部门月度绩效沟通会议

一、会议目的

1. 公布上月度各岗位考评得分。

2. 对各岗位月度绩效完成情况进行点评。

3. 总结部门本月度绩效完成情况，分析存在的问题，提出改进措施。初步制订部门、岗位下月度绩效计划。

二、会议准备

1. 每月 25 日前召开，由部门主管召集，提前 1 天通知与会人员并告知会议主要议程。

2. 主管提前收集、准备员工工作中的相关数据和分析材料，分别与各岗位员工沟通本月绩效计划完成情况，找出不足，指明改进方向，并确认上月度绩效考评得分。

3. 各岗位员工单独向主管汇报本月度绩效完成情况及下月绩效计划，分析存在的问题，提出改进措施，并确认上月度绩效考评得分。

三、参会人员

机关部门全体人员，专业车间班组长以上人员。

四、会议议程及内容

1. 部门主管公布上月度各岗位考评成绩并点评。

2. 部门主管总结本月度部门绩效计划完成情况并对各岗位工作情况进行点评。

3. 部门主管提出下月重点工作并布置各岗位工作。

4. 部门主管与各岗位员工就下月度绩效计划内容及考评标准进行沟通，达成一致，初步形成岗位月度绩效计划。

5. 会后初步形成部门月度绩效计划并于 27 日前上报牵头部门。

五、会议成果

1. 部门月度绩效评估报告。

2. 部门月度绩效计划。

3. 岗位月度绩效计划。

第二节　系统月度绩效沟通会议

以生产、经营、政工、多经四个系统为单位，每月分别定期召开系统月度绩效沟通会。

一、会议目的

1. 总结本月度系统绩效计划完成情况，找出存在的问题，提出改进措施。

2. 平衡下月度绩效计划并确定系统重点工作。

二、会议准备

1. 每月 28 日前召开，由系统牵头部门召集，提前 2 天通知与会人员并告知会议主要议程。

2. 系统牵头部门对各部门月度绩效计划完成情况及下月绩效计划进行汇总，形成书面材料。

三、参会人员

公司分管领导和系统所属部门（车间）主管参加。

四、会议议程及内容

1. 各部门主管汇报本部门本月度绩效完成情况、存在的问题及改进措施；汇报下月度绩效计划。

2. 公司分管领导（或委托牵头部门）对各部门计划完成情况进行点评，审查通过各部门下月度绩效计划，研究确定系统下月度绩效计划与重点工作。

3. 牵头部门于 29 日前将研究确定的系统月度绩效计划上报企划部。

五、会议成果

1. 会后，由牵头部门负责汇总形成系统月度绩效评估报告。

2. 部门月度绩效计划。

第三节　公司月度绩效计划发布会议

一、会议目的

1. 总结上月度公司绩效完成情况，找出存在的问题，提出改进措施。

2. 发布下月度公司重点工作。

3. 布置公司月度绩效计划，尤其是具有创新性和改进性的 KPI，以确保各部门按计划完成。

二、会议准备

1. 每月 3 日前召开，由企划部召集、公司办公室组织，提前 2 天通知与会人员并告知会议主要议程。

2. 企划部对公司主要指标完成情况进行统计分析。

3. 企划部汇总编印上月度各系统指标完成情况，分析存在的问题，提出改进措施，并提出下月度公司重点工作。

4. 企划部汇总编印公司下月度绩效计划并下发各部门。

三、参会人员

绩效管理委员会全体成员，机关部门中层干部，各车间党政主管，各县市区公司经理、党委书记。企划部主持会议。

根据会议需要有关人员列席，由企划部负责组织。

四、会议议程及内容

1. 企划部通报上月度公司主要指标完成情况。

2. 各系统牵头部门汇报系统上月度绩效计划完成情况及下月度重点工作。

3. 企划部通报下月度重点工作。

4. 分管领导对各系统绩效计划完成情况进行点评并布置下月重点工作。

5. 总经理做月度绩效点评，强调部署重点工作。

五、会议成果

1. 公司月度绩效评估报告。

2. 公司月度绩效计划。

第五章　工作中的绩效辅导

一、辅导目的

及时掌握员工的工作进展情况，发现存在的问题，提出改进措施，并对工作进行指导。

二、辅导类型

通常辅导可以分为三类：

1. 具体指示：对那些较缺乏完成工作所需知识及能力的员工，给予较为具体的指示型的指导，将做事的方式分步骤传授给他们并跟踪完成情况。

2. 方向引导：对那些具有完成工作的相关知识及技能，但缺乏工作方向的员工，给予方向指引。

3. 鼓励：对那些具有较完善的知识及专业化技能的人员，给予一些鼓励或建议。

三、辅导步骤

1. 询问具体情况。

用开放式问题来收集具体的信息，征求员工对此问题的认识及想法。主管确认已对所有事实有清楚了解。

2. 商议期望达成的结果。

在确认事实的基础上商议期望达到的结果，确保这些理想的结果与完成计划的绩效指标或工作目标紧密相关。

3. 讨论可采用的解决问题的方法。

在对理想结果取得一致认可的基础上，讨论用什么样的方法来达到目标。双方认可为达到理想的目标应采取的步骤和方法，确认双方都理解了将要采取的方法及步骤。

四、辅导成果

员工绩效沟通分析表。

第六章　申诉沟通

在绩效管理过程中，员工有不同意见，通过与主管沟通不能达成共识的，有权进行申诉。

在月度绩效沟通面谈后2个工作日内，员工以书面形式就绩效沟通面谈的情况向绩效管理办公室申诉。

绩效管理办公室在接到员工书面申诉后的3个工作日内就申诉情况与申诉员工进行面谈沟通，并形成书面的申诉沟通报告。

如果员工对申诉答复仍不满意，在收到申诉沟通报告2个工作日内向绩效管理委员会提出申诉，绩效管理委员将在5个工作日内与员工面谈沟通，并形成最终的申诉结果。

第七章　定期报告

一、报告目的

通过定期报告，员工定期向主管报告计划工作的进展情况、遇到的问题、所需支持以及计划的变更、问题分析等。

二、报告形式

工作日志、周报表、月报表、问题处理记录等多种形式。

三、报告作用

1. 通过批阅报告，主管可以迅速了解项目进展和员工工作状况，同时这些报告本身就是数据记录的一种形式。

2. 书面报告这种方式使得员工自己不得不认真思考工作中究竟存在什么问题，究竟应该如何解决这些问题等，能够培养员工理性、系统地考虑问题的能力，提高逻辑思维和书面表达能力。

第八章 绩效考核

在不同的组织中，我们时刻都在进行着绩效考核。有时候它可能只是走走过场，有时候它又显得非常重要。绩效考核是对绩效结果进行测量、评价和反馈的过程。绩效考核包括组织考核和员工考核，组织考核的结果与员工考核的结果紧密相关。绩效考核是绩效管理中的反馈环节，考核不仅仅是为了给出一个分数，更为重要的是通过充分的沟通，组织或者员工将会进行目的性更强的绩效改进。

第一节 绩效考核的概念与目的

一、绩效考核的概念

绩效会因时间、空间、工作任务和工作条件（环境）等相关因素的变化而不同，从而呈现出明显的多样性、多维性与动态性，这也就决定了对绩效的考核必须是多角度、多方位和多层次的。对于绩效考核，不同的人有不同的认识。从较早期的观点看，绩效考核有以下几种：

（1）对组织成员的贡献进行排序。

（2）对员工的个性、资质、习惯和态度，以及对组织的相对价值进行有组织的、实事求是的考核。

（3）对员工现任职务状况的出色程度及担任更高一级职务的潜力进行有组织的、定期的且尽可能客观的考核。

（4）是人力资源管理系统的组成部分，由考核者对被考核者的日常职务行为进行观察、记录，并在事实的基础上，按照一定的目的进行考核，达到培养、开发和利用组织成员能力的目的。

（5）是定期考核和考查个人或工作小组工作业绩的一种正式制度。

综合以上观点，可以从以下三个角度理解绩效考核：

一是绩效考核是从组织经营目标出发，对员工工作进行考核，并使考核结果与其他人力资源管理职能相结合，推动组织经营目标的实现的行为。

二是绩效考核是人力资源管理系统的组成部分，它运用一套系统的和一贯的制度性规范、程序和方法进行考核。

三是绩效考核是对组织成员在日常工作中所表现的能力、态度和业绩，进行以事实为依据的评价。

归纳起来，绩效考核是指考核主体对照工作目标和绩效标准，采用科学的考核方法，评定员工的工作任务完成情况、员工的工作职责履行程度和员工的发展情况，并且将评定结果反馈给员工的过程①。

二、绩效考核的类型

绩效考核可分为两大类，即判断型绩效考核和发展型绩效考核。判断型绩效考核是以鉴定和验证员工绩效为目的的绩效考核，它主要强调员工过去取得的工作成绩，强调绩效考核的测量比较，被经常用来控制员工的工作行为。发展型绩效考核是以提高员工将来的工作效绩为目的的效绩考核，它主要着眼于今后的绩效。

三、绩效考核的目的

绩效考核是提高组织管理效率及改进工作的重要手段，是员工改进工作及谋求发展的重要途径，是人力资源管理系统中各环节的重要依据。

人力资源管理系统中许多环节的决策、调整和操作，均需要以人员绩效考核作为依据，如图 8-1 所示。

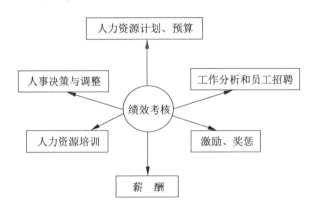

图 8-1　人力资源管理系统中各环节对绩效考核的依据

---

① 付亚和，许玉林，宋洪峰. 绩效考核与绩效管理 [M]. 北京：电子工业出版社，2017：6.

表8-1列示了绩效考核的主要用途，主要体现在组织管理和个人发展两个方面。

表8-1 绩效考核的用途

绩效考核的用途	绩效考核的等级（等级按七分制）
1. 薪资管理	
2. 工作反馈	
3. 衡量个人优缺点	
4. 记录员工决策	
5. 确认个人工作	
6. 决定提升	
7. 衡量劣质工作	
8. 帮助确定目标	
9. 继续或终止聘用决策	
10. 评价目标完成情况	
11. 满足法律要求	
12. 调任和分配决策	
13. 临时解雇决策	
14. 满足员工培训需求	
15. 确定企业培训需求	
16. 确定员工计划编制	
17. 巩固权力框架	
18. 确定企业发展需要	
19. 确立有效研究的标准	
20. 评价员工体系	

第二节 绩效考核的流程

一、绩效考核的总流程

绩效考核流程一般包括十大步骤：① 取得高层管理者的支持；② 设定绩效目标和制订完善的实施计划；③ 确定考核标准和方法；④ 广泛的宣传和持续不断的

沟通；⑤培训考评者和直属领导；⑥实施绩效考核；⑦收集数据信息形成文档记录；⑧分析绩效考核数据；⑨绩效的诊断和提高；⑩绩效考核结果反馈和再运用。如图8-2所示。

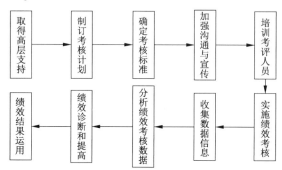

图8-2　绩效考核的流程

（一）取得高层支持

绩效管理是组织管理的重要改革措施，仅凭人力资源管理部门不足以推动整个组织的绩效管理的实施。因此，取得高层管理者的认同和支持显得特别重要。

人力资源管理部门的员工首先应主动与高层管理者探讨绩效管理的理论、方法、意义和作用，说服高层管理者支持绩效考核，这样就能在高层管理者的支持和主持下进行实践推动。当然，每一个环节都要向高层管理者汇报，并通过高层管理者的意志将其传达下去，使绩效管理的每个环节都落到实处，收到效果。

（二）制订考核计划

为了保证绩效考核顺利进行，必须事先制订完善的实施计划，这就需要在明确考核目标的前提下，有目的地选择考核对象、内容、时间等。

（三）确定考核标准

绩效考核必须要确定标准，作为分析和考察员工的尺度。绩效考核的标准一般可分为客观标准和主观标准。客观标准也可称为硬指标，如出勤率、废品率、文化程度等。主观标准也可称为软指标，如在评选"优秀"时，可以规定15%的员工可被选为"优秀"。当然，在选用绩效考核的标准时必须注意，对于不同的对象，必须选用不同的标准。比如，采取"相互比较"的方法，每个人都是被比较的对象，又都是比较的尺度，这样就会造成"主观标准"在不同群体中的差别。如果对每一个员工都单独做出"好"与"不好"的评价，就可能引起混乱。

（四）加强沟通与宣传

这一阶段需同时进行两方面的工作，一是要宣传，二是要沟通。绩效考核的顺利实施离不开广泛的宣传和贯彻。具体可通过组织的内刊、宣传栏、局域网等手段对绩效考核的标准、方法、意义和作用等进行宣传，制造声势。通过提高管理者与员工对绩效管理的感性认识和重视，为绩效考核的推进打下坚实的群众基础，减少实施的阻力。

沟通是一切管理工作必不可少的重要手段，也是绩效考核实施的重要手段，持续不断的沟通具有关键性作用。当然，沟通应采取开放性方式、及时性方式、针对性方式、连续性方式、建设性方式，这样才会产生效果。

（1）开放性方式就是要真诚、坦率，以"心"交流。一切的沟通都是以真诚、坦率为前提的，都是为了预防问题和解决问题。以"心"交流，坦率地沟通才能尽可能地从对方那里获得信息，进而帮助对方解决问题，同时也能不断提高管理者的沟通技能和沟通效率。

（2）及时性方式就是在计划实施之前和实施之中及时沟通。尽可能在问题出现或矛盾发生之前就通过沟通将其及时处理或解决。及时性是沟通的又一条重要原则。

（3）针对性方式就是强调沟通应该具体，并具有针对性。具体事情具体对待，不能泛泛而谈，泛泛的沟通既无效果，也无效率。所以，管理者必须珍惜沟通的机会，关注具体问题的探讨和解决。

（4）连续性方式就是强调沟通应该经常且定期地进行。要与管理者和员工约定好沟通的时间和时间间隔，保持沟通的经常性和连续性。

（5）建设性方式就是强调沟通的结果应该是具有建设性的，给员工未来绩效的改善和提高提供建设性的建议，帮助员工提高绩效水平。

（五）培训考评人员

培训考评人员和直属领导人员是绩效考核的一个重要步骤。好的考评方法和手段必须要由高素质的管理者来组织实施，因此对考评人员和直属领导人员的培训必不可少。要让管理者深刻掌握绩效考核的理念，改变旧的管理观念，掌握绩效考核的流程、方法和技巧。

（六）实施绩效考核

绩效考核的推行必须由政策保证，因此，在上述工作的基础上，出台相关的政策措施非常必要。在政策中，可以规定高层管理者、人力资源部门领导、直属领导和员工各自的绩效责任，规定绩效考核的方法和流程，规定绩效考核结果的运用等，组织可以依据自己的实际情况具体对待。绩效考核一般在年底举行。员工绩效目标完成得怎么样、组织绩效工作的效果如何，通过绩效考核可以一目了然。绩效考核也是一个总结提高的过程，通过总结过去的结果，分析问题产生的原因，制定相应的对策，以提高组织的绩效管理。

（七）收集数据信息

收集数据和相关信息，记录员工的绩效表现，形成必要的文档记录，这是绩效考核的重要一环。绩效目标最终要通过绩效考核来衡量，绩效考核必须依据员工的考核周期，根据员工的绩效来进行，因此有关员工绩效的信息资料的收集就显得特别重要。

在这个环节中，管理者要注意观察员工的行为表现并做好记录，同时要注意保留与员工沟通的结果记录，必要的时候请员工签字认可，避免在年终考评的时候出现意见分歧。做文档的最大好处是避免绩效考核时出现意外，使考核的结果有据可查，确保公平、公正。绩效考核是一项长期、复杂的工作，对作为考核基础的数据收集工作要求很高。

（八）分析绩效考核数据

分析绩效考核数据这一阶段的任务是根据考核的目的、标准和方法，对所收集的数据进行分析、处理、综合。其具体过程如下：

（1）划分等级。将每一个考评项目，如出勤、责任心、工作绩效等，按一定的标准划分为不同等级，一般可分为 3—5 个等级，如优、良、合格、稍差、不合格。

（2）对单一考评项目进行量化。为了能将不同性质的项目综合在一起，就必须对每个考评项目进行量化，不同等级赋予不同数值，用以反映实际特征。如"优"为 10 分，"良"为 8 分，"合格"为 6 分，"稍差"为 4 分，"不合格"为 2 分。

（3）对同一项目的不同考评结果进行综合。在有多人参与的情况下，同一项目的考评结果会不相同。为综合这些意见，可采用算术平均法或加权平均法。仍以五等级为例，3 个人对某员工工作能力的考评分别为 10 分、6 分、2 分。如采用算术平均法，该员工的工作能力应为 6 分；若采用加权平均法，3 人分别为其上司、同事、下属，其考评结果的重要程度不同，可赋予其不同的权重，如上司定为 50%、同事定为 30%，下属定为 20%，则该员工的工作能力为 $10 \times 50\% + 6 \times 30\% + 2 \times 20\% = 7.2$ 分，介于"良"与"合格"之间。

（4）对不同项目的考评结果进行综合。有时为达到某一考评目标要综合多个考评项目，只有把这些不同的考评项目综合在一起，才能得到较全面的客观结论。一般采用加权平均法。当然，具体权重要根据考评目的、员工的层次和具体职务来定。

（九）绩效诊断和提高

没有完美的绩效管理体系，任何绩效管理都需要不断改善和提高。因此，在绩效考核结束后，要全面审视组织绩效管理的政策、方法、手段及其他的细节并进行诊断，以不断改进和提高组织的绩效管理水平。

（十）绩效结果运用

得出绩效考核的结果不是目的，也不意味着绩效考核工作的结束。在绩效考核过程中获得的大量有用信息必须反馈和运用到组织的各项管理活动中。具体要求如下：

（1）向员工反馈考评结果，帮助员工找到问题、明确方向，这对员工改进工作、提高绩效会有促进作用。

（2）为人事决策如任用、晋级、加薪、奖励等提供依据。

（3）检查组织管理的各项政策，如员工配置、员工培训等方面是否有失误，还存在哪些问题等。

第三节 绩效考核常见错误及其避免方法

一、绩效考核常见错误

有些考评者在对员工的绩效进行考评时，会下意识地出现各种行为上的考评错误，如首因效应误差、近因效应误差、光环效应误差及相似性误差等，从而影响考评结果的一致性和稳定性，更严重的是对绩效考核认识上的误区会直接影响到绩效考核的效果。这些考核误差主要有以下几种。

（一）相似性误差

相似性会产生吸引力，我们往往喜欢那些与我们相似的人，因此在有些情况下，主管人员很可能会对那些与自己有相似之处的人给予较高的绩效评价。这种相似可能体现在态度、偏好、个性以及性别在内的人口统计学特征等方面。

（二）对比误差

当主管人员将一位员工与其他人进行对比，而不是与事先确定下来的绩效标准进行对比时，对比误差就出现了。例如，当一位主管将某位员工的绩效评价为合格水平时，他对这位员工的绩效评价可能已经超出了这位员工的实际绩效水平，其原因在于这位主管评价过的其他人的绩效水平都很低，而这位员工的绩效水平之所以能够被评价为合格，只不过是因为他的绩效水平看起来比其他人更好一些而已。这种误差最有可能出现在同一位主管人员需要在同一时间段完成对多人的绩效评价的情况下，因为在这类情况下，主管人员在对某位员工的绩效进行评价时，很难完全不考虑对其他员工已经给出的评价结果。

（三）宽大误差

宽大误差发生在一位评价者对大部分员工或所有员工都给予较高水平的评价时。换言之，宽大误差涉及人为地抬高绩效评价分数的情况。宽大误差极有可能是一种有意的误差，主管人员出于以下几个方面的考虑，往往会故意制造这种误差；使员工获得绩效加薪或报酬的可能性最大化；激励员工；避免撰写书面材料；避免与员工产生对抗；将不想要的员工晋升出去；让自己的上级认为自己更优秀。最近的一些研究显示，具有某些特定人格特点的人更有可能表现出比较宽大的倾向，如责任心不强（也就是说，不是一贯地努力追求卓越）的人，宜人性程度更高（也就是说，更让人信任、合作性更强以及更有礼貌）的人。宽大误差是绩效管理体系中经常出现的一类误差。实际上，一项调查结果显示，在3/4的实施了绩效评价体系的企业中，绩效评价的信度都受到了宽大误差的影响。

（四）严格误差

严格误差发生在一位评价者对大部分员工或者所有员工都给予较低（严格）评价时。也就是说，严格误差涉及人为压低绩效评价分数的情况。大部分严格误差都是评价者故意制造出来的误差，主管人员往往希望通过这种做法或警醒员工，或教训不听话的员工，或暗示员工应该考虑离职了，或留下一份关于员工不良绩效的记录。

（五）居中趋势误差

居中趋势误差通常发生在这样一种情况下：评价者只使用评价尺度中间的那些点，而避免使用评价尺度两端的点。这种做法导致大多数员工或全部员工都被评为"合格"。这也是一种有意的误差，它主要是主管人员希望确保安全而人为造成的。这类误差的一个负面影响就是，很难区分出在接受同一位评价者评价的那些员工中，哪些人的绩效水平较高，哪些人的绩效水平较低。

（六）晕轮误差

晕轮误差发生在评价者无法对需要评价的各个绩效方面进行有效区分时。如果一位员工在某个绩效维度上得到了高分，他就有可能同时在其他所有绩效维度上也获得高分，即使他在所有绩效维度上的表现并不是一样的。例如，如果一位员工的出勤记录特别好，那么评价者就可能会对此人的敬业度和生产率也给予很高的评价。然而，这位员工的出勤记录之所以特别好可能只是因为这位员工有一大笔银行贷款要还，因而不敢失去这份工作，而不是因为他真的是一位绩效优秀的员工。换言之，出勤率高并不代表一个人就是高生产率的员工。出现这种误差的一个典型原因是，主管人员是根据自己对这位员工的个别印象做出评价的，而不是针对这位员工在每个绩效维度上的表现分别进行评价的。

（七）前因误差

当绩效评价结果主要受到绩效评价周期初期收集到的那些信息影响时，就会出现前因误差。例如，在对员工的沟通技巧进行评价时，主管人员往往对发生在绩效评价周期开始时的那些涉及沟通的事件赋予较高的权重，而对发生在后期的沟通事件赋予较低的权重。

（八）近因误差

当绩效评价结果主要受到在绩效评价周期后期收集到的信息影响时，便会出现近因误差。近因误差与前因误差恰恰相反，评价者更多地受到在绩效评价周期后期发生的那些行为的影响，而对于在整个绩效评价周期的其他阶段发生的事件则没有给予同样的关注。

（九）负面误差

当评价者更重视负面信息而不是正面信息或中性信息时，就会产生负面误差。例如，一位评价者可能观察到了某位员工和客户之间出现过的一次不愉快的互动，但是他也同样观察到了这位员工与客户之间的几次很愉快的互动，而且这几次互动都让客户很满意。然而，这位评价者在对这位员工的"客户服务"维度进行评价时，却重点考虑了那次负面事件。事实上这种负面误差与现实中的另一种情况是完全相符的，即大多数人在读报纸或者看电视时，都更倾向于记住那些负面的新闻，而不是那些正面的新闻。

（十）首因误差

首因误差是指这样一种情况，评价者在一开始对一位员工做出了好或不好的判断之后，就会忽略随后那些并不支持评价者早期做出的这种判断的信息。这种类型的误差可能会与相似性误差并存，这是因为第一印象往往建立在某种程度的相似性基础之上：一位员工与主管人员越相似，主管人员对员工的第一印象就越有可能是良好的

（十一）溢出误差

当员工在前面的绩效评价周期中得到的评价分数对他们在后面得到的绩效评价结果产生了不恰当的影响时，溢出误差便发生了。例如，主管人员可能会假定：一位在前几个评价周期中都表现优秀的员工，在当前的这个评价周期内也应该是表现优秀的，因而会按照他的这种信念做出绩效评价。

（十二）刻板印象误差

刻板印象误差发生在主管人员简单地基于员工所属群体的总体特征来对员工进行评价的时候。例如，主管人员可能会有这样一种信念，即特定的员工群体（如女员工）具有比较谦逊的沟通风格。这样，在对一位女员工进行评价时，这位主管人员很可能会在没有任何行为证据支持的情况下自然而然地将这位女员工的沟通风格描述为"谦逊的"。这种评价误差会导致评价者对某些群体成员的长期绩效做出较低的评价。

（十三）归因误差

归因误差是指主管人员认为员工的绩效之所以较差是由于员工的个人因素（如人格和能力）导致的，而不是环境因素（如设备故障）造成的。换言之，在

进行绩效评价时，不同的主管人员会对环境因素赋予不同的权重。如果主管人员错误地放大了员工的个人因素对绩效产生的影响，而忽视了环境因素的作用，那么随后进行的绩效改进计划很可能是无效的，这是因为环境对绩效的制约依然存在（如设备过时）。

表 8-2 是对评价者在确定绩效考核等级时可能发生的若干误差进行的汇总。我们可以将这些误差划分为有意的误差和无意的误差两种。

表 8-2 绩效考核时可能出现的一些误差

误差类别	无意的误差	有意的误差
误差内容	相似性误差 对比误差 晕轮误差 前因误差 近因误差 负面误差 首因误差 溢出误差 刻板印象误差 归因误差	宽大误差 严格误差 居中趋势误差

为了使表 8-2 中出现的这些有意的误差最小化，我们必须对评价者的动机进行研究。换言之，必须使评价者知道，提供准确的绩效评价结果要比通过抬高、压低评价分数或者保持居中趋势来歪曲评价结果对他们个人更有好处。例如，在针对绩效管理体系展开的沟通计划中应该清楚地描述一点，即如果主管人员在绩效评价中没有故意歪曲事实，他们应该能够得到哪些方面的好处。

对于无意的误差，实施评价者误差培训能够使评价者了解各种不同误差的类型及其成因。然而，能够意识到这些无意的误差的存在并不意味着主管人员就不会再犯这些错误。虽然能够意识到存在这种误差确实是一个良好的开始，但如果我们想使这些无意的误差最小化，还需要付出更多的努力。一个可能很有成效的做法是进行参照框架培训。

二、绩效考核错误避免

在绩效考核过程中，考核错误来源有以下因素，见图 8-3。

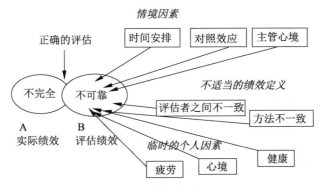

图 8-3 绩效考核错误来源

为了避免可能偏差，可以采取以下措施。

（一）评价者误差培训

评价者误差培训的目的是使评价者意识到他们可能产生哪些类型的评价误差，帮助他们制定出能够使这些误差最小化的策略，从而提高评价的准确性。

评价者误差培训课程中通常包括对大多数评价误差的定义以及对造成这些误差的可能原因所做的分析。在这种培训课程中，往往还会让受训者看一些常见的绩效评价误差案例，同时为他们提供一些关于如何避免发生这些误差的建议。在具体的操作中，可以先给受训者播放一段视频，视频中的场景很容易诱使评价者发生评价误差，培训者可以要求受训者根据自己在视频中看到的情形填写一份绩效评价表格。最后，培训者将受训者做出的评价与正确的绩效评价加以比较。之后培训者会解释受训者为什么会出现误差，具体出现了哪些方面的误差，以及今后应当采取哪些措施消除这些误差。

（二）参照框架培训

参照框架培训主要通过让评价者彻底熟悉需要评价的各种绩效维度来提高评价者评价的准确性。这种培训的总目标是：通过建立一个通用的参考框架，使评价者获得对每位员工在每种绩效维度上的表现都能做出准确评价的技能。

在典型的参照框架培训课程中，首先让评价者讨论需要接受评价的员工目前承担的工作职责及其职位描述。然后，让评价者通过认真阅读和讨论每个绩效维度的定义以及代表优秀绩效、一般绩效和较差绩效的例子，来熟悉需要评价的这些绩效维度。接下来，让评价者利用在现实绩效管理体系中使用的绩效评价表格，对某位假想员工的绩效进行评价，这位员工的情况往往会以书面形式描述出来，或者通过视频中的现实场景呈现出来。最后，培训者会告知受训者，对每个绩效维度进行评价的正确结果应该是什么，得出这种评价结果的原因是什么，同时还要讨论正确的绩效评价结果和受训者得出的绩效评价结果之间存在怎样的差别。通常情况下，参照框架培训课程包括以下几个正式步骤：

（1）告知评价者他们需要根据三个绩效维度对三位员工分别进行绩效评价。

（2）将绩效评价表格分发给评价者，指导他们阅读，同时大声朗读每个绩效维度的定义及其评价尺度。

（3）针对绩效评价表格中的每个评价尺度，让评价者讨论能够代表员工在每个评价尺度上的各种绩效水平的相应行为。这样做的目的是在评价者当中建立起一种通用的绩效理论（参照框架），使他们能够对绩效维度的含义以及各种不同行为代表的绩效水平达成共识。

（4）让全体受训者共同观看一段模拟现实场景的视频，视频中有与所要评价的那些绩效维度相关的一些行为，观看视频后，培训者会要求受训者利用事先提供的评价尺度对视频中的员工进行绩效评价。

（5）每位受训者得出的绩效评价结果都要与本小组中的其他成员分享并加以讨论。培训者则会尽量确定受训者在得出他们的评价结果时主要是依据视频中的哪些行为，并且找出不同的评价结果之间存在哪些方面的差异。

（6）培训者向受训者提供反馈，解释视频中的员工在每一个绩效维度上为什么应当获得某种特定的评价结果（目标分数），同时展示出在目标分数与受训者打出的分数之间存在的差异。

（三）行为观察培训

行为观察培训是一种为了使无意的误差最小化而实施的培训。行为观察培训关注的是评价者如何观察、存储、回忆以及运用绩效信息的问题。总的来说，这种类型的培训会提高评价者观察绩效的技能。

例如，有一种类型的行为观察培训就是要向绩效评价者展示应当如何利用笔记或日志这些辅助观察工具。在事先对每个绩效维度中包含的各种相关行为都做好编号的情况下，这些辅助观察工具就可以帮助评价者很方便地记录员工的行为（记录行为编号即可）。在利用这些辅助工具的情况下，评价者能够记录下在特定时期内观察到的更多员工行为事件。不仅如此，对于使整个绩效评价周期内的行为观察以及关键事件记录变得更加标准化来说，日志等工具也是非常有效的。此外，在填写绩效评价表格时，这些工具也能够起到帮助评价者提取记忆的作用。在提取记忆方面能够获得帮助是非常有用的，因为评价本身往往都是仅仅根据记忆来完成的，如果没有记录或者日志，就很容易因为社会背景（如友谊偏差）和时间（如上下级关系保持的时间长短）等方面的因素而使评价结果出现歪曲。

（四）由绩效考核向绩效管理转变

在绩效管理中，管理者主要扮演辅导员和记录员的角色。绩效目标制定以后，管理者要做一名辅导员，与员工保持及时、真诚的沟通，持续不断地辅导员工业绩的提升，从而帮助员工实现绩效目标。在绩效考核中，管理者的角色是裁判员。

绩效考核是对员工一段时间内绩效的总结，管理者需要综合各个方面给员工的绩效表现做出评价。这一过程中，公平、公正是至关重要的。因此，管理者就像裁判员一样，要根据事实客观公正地评价员工的绩效水平。要想做一名合格的裁判员，管理者要先扮演好记录员的角色，记录下有关员工绩效表现的细节，形成绩效管理的原始材料，以作为绩效考核的依据，确保绩效考核有理有据、公平公正。要实现绩效考核向绩效的管理过渡，管理者须给予员工更多的关注，而不只是在绩效考核阶段充当一个裁判员的角色，要给所有员工树立明确的目标，要给予每位员工相对客观与公正的评价。

（五）建立绩效考核申诉制度

绩效考核申诉制度是为避免管理者的偏差而采取的纠错机制，同时，申诉也是对管理者的考核。通过申诉，可以确立管理者的责任感，预防和监督管理者的主观误差，促进考核的公平与公正，保证考核的客观性与合理性。考核申诉还有利于管理者和下属之间的沟通，得出双方均认可的评估结论，使被考核对象真正理解并接受考核结果，从而将其有效地运用到工作中去。

（六）建立客观公平的考核程序

一般情况下，员工对于绩效考核公平感的产生来源于程序公平、人际公平与结果公平三个方面。程序公平指的是指标与标准选择的双向沟通互动过程，考核流程的公开性；人际公平强调的是绩效反馈、绩效考核的氛围；结果公平在于绩效考核结果的公平合理性。程序公平、人际公平是结果公平的前提与保证，只要程序合理、人际合理，结果就会具有一定的合理性。由于绩效考核中的主观误差，结果公平在许多时候难以实现，对于组织来说，真正需要关注和能够改善的是程序公平与人际公平方面的工作。

（七）建立绩效沟通机制

绩效沟通如同绩效管理中的血液，它贯穿每一个部位、每一个环节，提供各种养分，形成绩效管理的生命有机体。有效的绩效沟通，能够快捷而准确地将信息传递到各部门及管理者，维持组织政策制定与执行的关系，维系组织中各个齿轮之间的正常运行，维系组织中人与人之间的各种联系。有效的绩效沟通机制要做到以下三个环节：

（1）以情感作为绩效沟通的纽带。人与人之间最重要的是情感，当与员工沟通时，假如你以老板的姿态待人，员工就不乐意为你提供意见。管理者沟通时应具有"五心"，即尊重的心、合作的心、服务的心、赏识的心、分享的心。很多管理者在管理实践中推行"以热情待人，以真情聚人，以豪情励人，以温情育人，以友情用人"的沟通理念，都取得了良好的绩效沟通效果。

（2）以文化作为绩效沟通的核心。首先必须树立以人为本的管理思想和理念；

其次要着力营造一种积极向上的组织文化氛围和环境,将组织发展目标与员工个人目标有机地结合起来,使全体员工充分体会到企业的成功也就是自己事业的成功;最后,要以身作则并加以适当引导,积极推进组织沟通方式的变革,进一步提升组织文化的内涵和实际作用。

(3) 以信任作为绩效沟通的基础。管理者与员工间的绩效沟通要以信任为基础,营造健康的沟通氛围,努力消除各种沟通障碍,使绩效沟通能够在公开、透明、自由的气氛中充分展开,这有助于消除管理者与员工之间的隔膜与壁垒,实现零距离、互动式的无障碍沟通。只有在互相信任对方的基础上,管理者才会动用一切必要的资源来对这些信息加以吸收和消化,减少猜忌和提防,进而将考核的成果加以利用和扩展。

本章案例

张强是某电子公司的生产总监,他平时总是尽个人所能帮助他的员工,如帮员工渡过"经济危机",帮员工减少离职损失,为此他备受下属的爱戴。

快到年底了,张强的一个下属马艳却经常不来上班。据他了解,马艳的丈夫得了重病,一直在家休养,前不久她的女儿又生病住院,这对于债台高筑的马艳来说,无疑是雪上加霜。

到了年底绩效考核的时候,张强决定尽可能地帮助马艳。虽然马艳在工作的各个方面都不突出,但张强在每一项评价上都给她评价为"优秀"。由于公司的薪酬制度与绩效考核的结果紧密相联,所以马艳除了正常的生活补贴及福利得到提高之外,也有资格得到丰厚的年终奖金,还有可能因此而加薪。

由于张强所在的部门今年超额完成了目标,所以他在所有下属每个表格的工作数量和工作质量情况的位置上均记为"优秀",而在合作态度上则填上"良好"或"一般"。下属赵明由于在工作中经常"突发奇想",有"偷懒"的想法,张强多次劝说无效,于是在他的工作态度栏下填上"较差",但在表格的评价栏中没有具体记录原因,也没有任何说明。当填到下属李杰的评价表时,张强心中升起一股罪恶感,他知道李杰被调离现职与自己有关,为了避免尴尬,便给了他较高的分数。

当张强把绩效考核表叠好时,他的脸上露出了轻松的微笑。一年一度的考核难关终于过去了。

问题:
1. 案例中的绩效考核工作中存在什么问题?
2. 对于上述问题应该如何改进?

第九章 绩效反馈及其应用

第一节 绩效反馈概述

一、绩效反馈的概念

组织行为学研究发现,运用反馈可以改善组织绩效。绩效反馈(Performance Feedback)是绩效管理过程中的一个重要环节。它主要通过考核者与被考核者之间的沟通,就被考核者在考核周期内的绩效情况进行面谈,在肯定被考核者成绩的同时,指出其工作中的不足并加以改进。绩效反馈的目的是让员工了解自己在本绩效周期内的业绩是否达到所定的目标,行为态度是否达标,让管理者和员工双方达成对评估结果一致的看法,共同探讨绩效未合格的原因并制订绩效改进计划。同时,管理者要向员工传达组织的期望,双方对绩效周期的目标进行探讨,最终形成一个绩效合约。

二、绩效反馈的作用

绩效反馈是绩效考核的最后一步,是由员工和管理者一起,回顾和讨论考核的结果。如果不将考核结果反馈给被考评的员工,考核将失去极为重要的激励、奖惩和培训的功能。

(一)绩效反馈是绩效公正的基础

绩效考核与被考核者的切身利益息息相关,考核结果的公正性是人们关心的焦点。而考核过程是考核者履行职责的能动行为,考核者不可避免地会掺杂自己的主观意志,导致这种公正性需要依靠制度的改进来实现。绩效反馈较好地解决了这个矛盾,它不仅让被考核者成为主动因素,更赋予其一定权利,使被考核者不但拥有知情权,更有了发言权;同时,程序化的绩效申诉,有效降低了考核过程中不公正因素所带来的负面效应,在被考核者与考核者之间找到了结合点、平衡点，对整个绩效管理体系的完善起到积极作用。

（二）绩效反馈是提高绩效的保证

绩效考核结束后，当被考核者接到考核结果通知单时，一般并不了解考核结果的来由，这时就需要考核者就考核的全过程，特别是被考核者的绩效情况进行详细介绍，指出被考核者的优缺点，特别是考核者还需要对被考核者的绩效提出改进建议。

（三）绩效反馈是增强团队竞争力的关键

任何一个团队都存在两个目标：团队目标和个体目标。个体目标与团队目标一致，能够促进团队不断进步；反之，就会产生负面影响。这两者之间，团队目标占主导地位，个体目标属于服从的地位，绩效反馈可以通过促进个人绩效的实现提升团队绩效。

三、绩效反馈的类型

（一）按照反馈信息内容以及反馈态度进行分类

一般意义上讲，反馈包括反馈信息、反馈源和反馈接收者三个要素。在绩效反馈中，管理者为反馈源，考核对象为反馈接收者，而整个绩效周期内的工作绩效和绩效评价结果就是反馈信息。一般根据绩效反馈信息的内容以及反馈源态度的不同，将绩效反馈分为负面反馈和正面反馈。其中，负面反馈是针对错误的行为进行的反馈，而正面反馈则是针对正确的行为进行的反馈。负面反馈有如下要求：第一，以事实为中心。负面反馈并不是给员工下结论，更不是秋后算账。负面反馈的目的是让员工认识到当前工作中存在的问题以及自身存在的不足，找到背后的原因，然后采取有效措施加以改进，避免低绩效行为再次出现。因此在进行负面反馈时，应重点围绕具体事实展开沟通、就事论事，尽量不要过多涉及员工行为背后的动机与品格，避免主观臆断与猜测。第二，立足于员工的进步与发展。管理者应以绩效伙伴而非监督者的身份与员工沟通，要与员工共同面对当前的问题，共同承担责任。通过沟通给员工提出具体的建议，帮助员工改进工作，促进员工的发展，而不是为推卸自己的责任而对员工横加指责、抱怨和训斥，这样的负面反馈才更容易得到员工的认可。

正面反馈的目的是让员工知道，他的表现达到甚至超出管理者对他的期望与要求，通过对这一行为的认可，强化这一行为，增大这一行为重复的可能性。正面反馈应遵循以下四条原则：第一，用正面的肯定来认同员工的进步，如应针对"成功率的提高"而不是"失败率的降低"。第二，明确地指出受称赞的行为。第三，当员工的行为有所进步时，应给予及时的反馈。第四，正面反馈中应包含这种行为对团队、部门乃至整个组织的整体效益的贡献。

（二）按照反馈中被考核者的参与程度分类

根据被考核者的参与程度，绩效反馈可分为三种：指令式、指导式、授权式。指令式是最接近传统的反馈模式，对于大多数管理者来说，他们最习惯这种方式。其主要特点是管理者只告诉员工，他们所做的哪些是对的，哪些是错的；他们应该做什么，下次应该做什么；他们为什么应该这样做，而不应该那样做。在这种方式下，员工的任务是听、学，然后按管理者的要求去做事情。一般而言，人们很容易对指令式绩效反馈持否定态度，因为它以管理者为中心而不是以员工为中心。指导式以教与问相结合为特点，这种方式同时以管理者和员工为中心，管理者对所反馈的内容更感兴趣。用指导式反馈同样的信息时，管理者会不断地问员工，为什么认为事情做错了；是否知道怎样做更好；在各种方法中，你认为哪种最好，为什么；假如出现问题怎么办；等等。这样，员工就能在对某事取得一致意见之前，与管理者一起探讨各自的方法。授权式的特点是以问为主、以教为辅，完全以员工为中心；管理者主要对员工回答的内容感兴趣，较少发表自己的观点，而且注重帮助员工独立地找到解决问题的办法；通过不断提出问题，管理者帮助员工进行探索和发现。这些问题与指导式所问的问题类似，但问题的内容更广泛、更深刻，也很少讲授。

（三）按照反馈的内容和形式分类

内容和形式是决定一个事物最主要的两个方面。采取何种反馈方式在很大程度上决定着反馈的有效与否。根据反馈的内容和形式，绩效反馈分为正式反馈和非正式反馈两类。正式反馈是事先计划和安排的，如定期的书面报告、面谈、有经理参加的定期小组或团队会等。非正式反馈的形式多种多样，如闲聊、走动式交谈等。

员工也可以进行自我反馈，通常来讲，绩效反馈是通过管理者与员工之间的相互沟通实现的。而自我反馈指的是员工在一套严格、明确的绩效标准的基础上，主动将自己的行为与标准进行比对，发现并解决问题的过程。自我反馈是一种员工自己与自己进行"沟通"的形式，是绩效反馈的一种特殊方式。这种方式能够有效地使员工对自己的绩效表现有一个正确的认识。自我反馈的首要前提就是制定一套员工在进行反馈时使用的绩效标准，然建立一套机制或办法，使员工能够自觉地根据这一标准对自己的工作情况进行自我检查。

四、绩效反馈的基本原则

（一）经常性原则

绩效反馈应当是经常性的，而不是一年一次。这样做的原因有两点：一是管理者一旦意识到员工的绩效存在问题，就有责任立即去纠正它。如果员工的绩效在 1 月份时就低于标准要求，而管理人员却非要等到 12 月份再去对绩效进行评价，那么这就意味着组织要蒙受 11 个月的生产率损失。二是绩效反馈过程有效性的一个重要决定因素是员工对于评价结果要基本认同。因此，考核者应当向员工提供经常性的绩效反馈，使他们在正式的评价过程结束之前就基本知道自己的绩效评价结果。

（二）对事不对人原则

在绩效反馈面谈中，双方应该讨论和评估的是工作行为和工作绩效，也就是工作中的一些事实表现，而不是讨论员工的个性特点。员工的个性特点不能作为评估绩效的依据，如个人气质的活泼或者沉稳。但在谈到员工的主要优点和不足时，可以谈论员工的某些个性特征，但要注意这些个性特征必须是与工作绩效有关的。例如，一个员工个性特征中有不太喜欢与人沟通的特点，这个特点使他的工作绩效因此受到影响，面谈时，这种关键性的影响绩效的个性特征还是应该指出来的。

（三）多问少讲原则

发号施令的经理很难实现从上司到"帮助者""伙伴"的角色转换。建议管理者在与员工进行绩效沟通时遵循 20/80 法则：80% 的时间留给员工，20% 的时间留给自己，而自己在这 20% 的时间内，可以将 80% 的时间用来发问，20% 的时间才用来"指导""建议""发号施令"，因为员工往往比经理更清楚本职工作中存在的问题。换言之，管理者要多提好问题，引导员工自己思考和解决问题，自己评价工作进展，而不是居高临下地告诉员工应该如何做。

（四）着眼未来原则

绩效反馈面谈中很大一部分内容是对过去的工作绩效进行回顾和评估，但这并不等于说绩效反馈面谈须集中于过去。谈论过去的目的并不是停留在过去，而是从过去的事实中总结出一些对未来发展有用的东西。因此，任何对过去绩效的讨论都应着眼于未来，核心目的是制订未来发展的计划。

（五）正面引导原则

不管员工的绩效考核结果是好是坏，一定要多给员工一些鼓励，至少让员工感觉到：虽然我的绩效考核成绩不理想，但我得到了一个客观认识自己的机会，我找到了应该努力的方向，并且在我前进的过程中会得到主管人员的帮助。总之，要让员工把积极向上的态度带到工作中去。

（六）制度化原则

绩效反馈必须建立一套制度，只有将其制度化，才能保证它能够持久地发挥作用。

五、绩效反馈的内容

(一) 通报员工当期绩效考核结果

对员工绩效考核结果的通报,能使员工明确其绩效表现在整个组织中的大致位置,激发其改进现有绩效水平的意愿。在沟通这项内容时,管理者要关注员工的长处,耐心倾听员工的声音,并在制定员工下一期绩效指标时调整指标。

(二) 分析员工绩效差距与确定改进措施

绩效管理的目的是通过提高每一名员工的绩效水平来促进组织整体绩效水平的提高,因此每一名主管都负有协助员工提高其绩效水平的职责。改进措施的可操作性与指导性来源于对绩效差距分析的准确性。所以,每一位主管在对员工进行过程指导时要记录员工的关键行为,按类别整理,分成高绩效行为记录与低绩效行为记录。管理者可以通过表扬与激励,维持与强化员工的高绩效行为,还要通过对低绩效行为的归纳与总结,准确地界定员工绩效差距,并反馈给员工,以期得到改进与提高。

(三) 沟通协商下一个绩效考核周期的工作任务与目标

绩效反馈既是上一个绩效考核周期的结束,也是下一个绩效考核周期的开始。在考核初期明确绩效指标是绩效管理的基本思想之一,而绩效指标需要管理者与员工共同制定。管理者不参与会导致绩效指标设计的方向性偏差,员工不参与会导致绩效目标不明确。另外,在确定绩效指标的时候一定要紧紧围绕关键指标内容,同时考虑员工所处的内外部环境的变化,而不是僵化地将季度目标设置为年度目标的四分之一,也不是简单地在上一期目标的基础上累加几个百分比。

(四) 确定任务与目标相匹配的资源配置

绩效反馈不是简单地总结过去的上一个绩效周期员工的表现,而是要着眼于未来的绩效周期。在明确绩效任务的同时确定相应的资源配置,对管理者与员工来说是一个双赢的过程。对于员工,可以得到完成任务所需要的资源。对于管理者,可以积累资源消耗的历史数据,分析资源消耗背后可控成本的节约途径,还可以综合有限的资源情况,使有限的资源发挥最大的效用。

第二节 绩效反馈面谈

一、绩效反馈面谈的原则

绩效反馈面谈是指由直接上级与评价对象进行面对面的沟通,告知评价对象评价结果，共同分析绩效不佳的表现及其原因，制订绩效改进计划的活动。在绩效管理体系中，根据评价层次的不同，反馈面谈参加者也有所区别。一般而言，对于组织和部门层面的绩效反馈，参加者应为组织和部门的负责人及其上级主管领导；而对于个人层面的绩效反馈，参加者则是评价对象本人及其直接上级。绩效反馈面谈是一种面对面的沟通，对于组织、部门及个人绩效水平的提高，以及组织成员间关系的改善等都具有非常大的作用。

（一）直接具体原则

面谈要直接具体，不能抽象地泛泛而谈或仅做一般性评价。对于上级领导来说，无论是赞扬还是批评，都应有具体、客观的结果或事实来支撑，使面谈对象明白哪些地方做得好，并清楚地了解存在的差距与缺点。如果面谈对象对绩效考核结果有不满或质疑的地方，可以向上级领导进行申辩或解释。如此，绩效考核结果的反馈才能够具体、准确、透明、公平，从而真正取得实效。

（二）互动原则

面谈是一种双向沟通，为了了解对方的真实想法，反馈主体应当鼓励面谈对象多说话，充分表达自己的观点。由于职位和沟通角色的差异，充当反馈主体的管理者常常处于发话、下指令的位置，下属只是在被动地接受。然而，有些时候管理者得到的信息不一定是真实情况。为此，管理者应当允许下属针对模糊或疑惑之处进行询问和辩解，而不应打断与压制，对下属提出的好建议应该充分肯定，从而提高绩效反馈面谈的效果。

（三）基于工作原则

绩效反馈面谈所涉及的是评价对象的工作绩效，即具体工作是怎么做的、采取了哪些行动与措施、效果如何等。因此，上级在进行绩效反馈面谈时必须以下属的工作情况为基础，而不应掺杂与工作无关的情况和个人情感因素。在明确客观事实的基础上，面谈双方才能够根据绩效评价结果展开深入的分析和讨论，达到绩效反馈面谈的目标。

（四）相互信任原则

绩效反馈面谈是上下级交流的过程，缺乏信任的面谈会使双方都感到紧张、急促，充满冷漠，进而产生抵触情绪。绩效反馈面谈应是一个双方沟通的过程，沟通要想顺利地进行，最终促进双方的相互理解和共识的达成，就必须营造一种彼此信任的良好氛围。

二、绩效反馈面谈准备

为了充分实现绩效反馈面谈的目的，参加绩效反馈面谈的双方都应该做好充分的准备，主要包括以下几方面。

(一) 选择合适的面谈时间

绩效反馈面谈的时间选择对于最终的绩效反馈效果有很大影响。一般来说，管理者应该根据工作安排并在征得下属同意的前提下确定面谈时间。尽量不要将绩效反馈面谈安排在临近上下班的时间和非工作时间。需要指出的是，确定的时间并不是一个时间点，而应当是一个合适的时间段。时间段的长短要适宜，过长会引起疲倦、注意力不集中，从而增加信息交流误差的可能性，过短则会由于信息没有被充分、完全地传递而达不到沟通的目的。

(二) 选择合适的面谈地点和环境

面谈的地点和环境会对反馈效果产生重要的影响。一般来说，在办公环境下，主要的反馈地点有管理者的办公室、会议室、接待室，其中小型会议室或接待室是比较理想的选择，因为这些地方一般都远离电话、传真，是不易被干扰的场所。现实中由于条件所限，管理者的办公室往往成为最常见的选择。但是在办公室进行绩效反馈面谈，要务必确保面谈不被干扰或者中途打断。管理者最好能够拒绝接听任何电话，停止接待来访的客人，以避免面谈受到不必要的干扰。面谈的场所最好是封闭的，因为开放的办公区域比较容易受周围环境的影响。当然，反馈面谈的地点也可以选择咖啡厅等地点，这种非正式办公地点可以有效地拉近管理者与下属之间的关系，使下属和管理者在轻松的环境中充分表达自己的真实感受。

(三) 收集、整理面谈所需要的信息资料

管理者和面谈对象都要收集和整理日常积累的有关绩效的各种信息。绩效反馈面谈之前，管理者必须准备并且熟悉面谈所需的资料，这些资料主要包括绩效评价表格、工作情况的记录和总结、该绩效周期的绩效计划、绩效评价结果以及评价对象的基本信息。在面谈的过程中，面谈对象往往会根据自己的实际情况陈述整个周期的工作情况，因此也应该充分收集和整理能够表明自己绩效状况的事实依据等，另外还可以准备好一些与绩效管理有关的问题，以便在面谈中向管理人员提问。

三、绩效反馈面谈过程

事先设计完整而合理的绩效面谈过程是成功实施绩效反馈面谈的保证。在进行面谈前，负责面谈的管理者应该对面谈的内容进行详细的规划。绩效反馈面谈的过程主要包括开场白、面谈的实施和面谈的结束。

(一) 面谈的开场白

在绩效反馈面谈的开始阶段，管理者应该向面谈对象简要说明面谈的目的和基本程序。管理者可以从一个轻松的话题入手，帮助下属放松心情，以便下属能够在面谈中更好地阐明自己的看法。当然，如果下属能够很好地了解面谈的目的，

并已经为面谈做好了充分的准备，那么开门见山将是最好的选择。

（二）面谈的实施

在绩效反馈面谈的实施阶段，管理者和面谈对象要就绩效评价结果、绩效改进计划深入交换意见，达成共识。一般来讲，管理者要先就下属的上一周期绩效表现做一个总体的回顾，并告知其绩效评价结果。对于下属表现好的方面，管理者要适时鼓励；对于绩效不佳的方面，要采取建设性沟通的方式，注意沟通的方式方法。如果下属对绩效评价结果有异议，管理者要耐心倾听，并就存在争议的问题给出合理的答复。紧接着，管理者和面谈对象要就绩效不良的原因进行分析，找出问题所在并共同制订绩效改进计划和符合员工自身实际情况的个人发展计划。最后，管理者要与下属就下一个绩效管理周期的工作任务、工作目标及其衡量指标等进行协商，并签订绩效计划协议。

（三）面谈的结束

当面谈的目的已经达到或由于某些因素无法取得预期进展时，应当适时结束面谈。在绩效反馈面谈的结束阶段，管理者要给面谈对象正面激励，让面谈对象鼓足干劲，满怀斗志地开始下一绩效周期的工作。

四、绩效反馈面谈的总结和改进

在绩效反馈面谈结束之后，管理者要对面谈的整体情况和效果进行评估，对面谈过程中记录的内容进行反思与总结，对面谈对象提出的疑问或要求须高度重视，并采取具体的方法加以解决。此外，管理者也要对自己在面谈过程中的表现进行反思，如是否采用建设性的沟通方式、是否为下属提供了有效的支持与帮助等，以便在下一次绩效反馈面谈中取得良好效果。如图9-1。

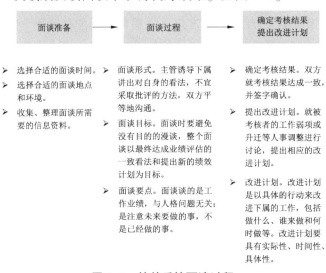

图9-1　绩效反馈面谈过程

五、绩效反馈面谈注意事项

绩效反馈面谈是一个双向沟通的过程。管理者只有掌握一定的沟通技巧，获得员工的认可与信任，才能与员工达成共识。管理者在绩效反馈面谈中应该注意以下事项。

（一）重视面谈的开始

许多管理者并没有认识到面谈开始的重要性，往往急于切入主题而忽略开始。实际上，最初的几分钟谈话往往决定了面谈的成功与否。因此，开场白的设计至关重要，管理者要给予足够的重视。

（二）及时调整反馈的方式

管理者在与面谈对象沟通的过程中，要根据实际情况的变化及时调整反馈方式。管理者的反馈方式主要有：指示型、指导型和授权型。指示型是比较传统的反馈模式，有时管理者急于解决问题，或者把自己看作权威并主张控制，就会采取这种指示型反馈方式。与指示型相比，指导型和授权型需要更多的时间。指导型是一种教与问相结合的方式，管理者向下属解释并询问下属想法，并在适当的时机纠正下属的错误思想。授权型方式以下属回答为主，以解释和纠正为辅，管理者实际上主要起引导作用。

（三）强调下属的进步与优点

绩效反馈面谈往往不受欢迎的一个重要原因在于，面谈中难免要谈论下属在上一阶段工作中的失误，如果管理者没有良好的沟通技巧，很容易因为对下属进行批评或指责而造成下属的抵触和反感。而鼓励与表扬则是赢得下属合作的好方法，只有充分地激励下属，才能真正实现绩效反馈的目的。下属做得好的地方不能一带而过，而应当花一些时间进行讨论。赞扬不仅可以使下属保持好的工作作风，还可以激励下属。对于绩效不良的方面，也不能一味批评，而应当肯定下属的努力和贡献。

（四）注意倾听下属的想法

绩效反馈面谈是一个双向沟通的过程，即使采用指示型方式，也需要了解下属的真实想法与心理。真正有效的沟通都不能忽视倾听的重要性，来自下属的信息是十分重要的。倾听有助于全面了解情况，印证或改变管理者的想法。平衡讲述与倾听之间的关系是反馈面谈的要义，而衡量这种平衡的最好标准就是看是否调动了下属的积极性，是否赢得了下属的合作。管理人员在面谈时要学会倾听，鼓励面谈对象大胆说出自己的想法，在倾听中予以回应，不要轻易打断下属，更不要急于反驳。

（五）坦诚与平等应该贯穿于面谈的始终

因为绩效评价结果的应用涉及薪酬、晋升等比较敏感的问题，所以管理者在与下属面谈的过程中会有所顾忌，有时甚至会回避问题与矛盾。但是这种隐瞒的方式并不能解决任何问题，最好的方式就是坦诚相见，直接向下属展示评价表现。同时，管理者应当清楚自己和下属在错误上负有同等的责任，并且自己的判断与实际情况之间也会出现偏差。当发现问题或认识出现偏差时，管理者应当坦率地承认，这种态度将有助于与下属进行进一步的沟通，并解决问题。

（六）避免冲突与对抗

冲突与对抗可能会彻底摧毁下属对管理者的信任，导致下属对管理者产生抵触情绪。双方一旦产生隔阂，问题就不仅仅是一次面谈的失败，很可能会影响今后工作中的合作。因此，当面谈中出现不同意见时，管理者不能用领导的权威对面谈对象进行压制，而应就有不同见解的问题与面谈对象进行耐心的沟通，争取得到理解，同时要站在对方的立场，设身处地为其着想，争取在平和的氛围中就争议问题达成共识。

（七）形成书面记录

人力资源管理部门提供的各类计划和表格并不一定能涵盖面谈中涉及的全部问题，面谈时双方可能谈到工作中的许多问题，因此需要记录面谈的过程并形成书面文字。这样一方面方便组织对正式文件的管理，另一方面也能让下属感受到面谈的正式程度和重要性。

第三节 绩效申诉

一、绩效申诉的概念

所谓绩效申诉，是指由于评价对象对评价结果持有异议，按照法律、法规或规章制度向有权受理申诉的机构提起申诉申请，受理部门依据规定的程序对相应的评价过程和结果进行审查、调查并提出解决办法的过程。

二、绩效申诉的作用

（一）提升考核结果公平性

绩效申诉能预防和制止绩效考核中考核者的打击报复行为，提高绩效考核结果的公平性与可接受性。当被考核者感到考核不公，对考核结果持有异议时，可以向绩效管理办公室提起绩效申诉。绩效管理办公室组织有关人员对被考核者申诉的问题及理由进行调查，一旦申诉的问题属实、申诉理由成立，应立即纠正考核结果中的错误，以纠正后的结果作为最终结果记入被考核者的绩效档案。经过调查后,如果绩效考核过程中确实存在打击报复现象,要对相关责任人按照组织有关的制度规定进行严肃处理,以消除员工的不满,维护绩效考核工作的严肃性与公正性。

(二) 有利于发现问题

绩效申诉有利于及时发现和纠正绩效考核系统中存在的问题。绩效考核结果出现的偏差,既可能有主观的原因,也可能有客观的原因。主观方面的原因除了打击报复,也可能有考核者对考核工作不够重视、没有掌握正确的考核方法、所掌握的被考核者绩效信息不足等;从客观方面来说,考核标准模糊、考核方法不恰当、考核者选择不合适的考核系统等问题也会使考核结果失真。通过被考核者的绩效申诉,组织可以及时发现这些问题并立即加以纠正,保证绩效考核系统的正常运行。

(三) 提高被考核者的满意度

绩效申诉可以增加被考核者对组织的信任,提高被考核者对绩效考核的满意度。绩效申诉机制的建立,使得那些认为自己在绩效考核中受了委屈的被考核者明白考核者并不能一个人决定考核结果,组织中总有说理的地方,错误的结果能及时得到纠正。如果申诉理由不成立,申诉者的不满情绪是由误解造成的,那么通过调查也可以及时弄清真相,给申诉者一个合理的解释以消除误解,提高其对绩效考核结果的理解和接受程度。这样,申诉者能够感受到组织的关心与支持,在该组织工作心情舒畅,因而能够增加其对组织的信任,提高其对绩效考核的满意度。

三、绩效申诉的程序

绩效申诉的程序见图 9-2。

图 9-2 绩效申诉的程序

申诉程序是申诉人进行申诉时必须遵守的时间、步骤和方式等内容。科学、合理的程序是绩效申诉有序进行的保障,申诉机构应该按照科学的程序进行申诉处理,以保证绩效申诉处理的公平公正。

申请。当被考核者对考核结果产生疑问,向申诉机构提出申请时,就开始进入申诉程序。绩效申诉是依照"不告不理"原则依申请进行的,如果被考核者不提起申请,就不能进入申诉程序。

受理。申诉机构在接到被考核者的申请后,进行审查,看其是否符合申诉范围,是否符合受理的有关条件等,再决定是否受理。如果符合条件,就应立案受理。

审理。绩效申诉受理后,申诉机构应调取相关证据,让申诉各方充分表达自己的意见和立场,围绕考核中的问题展开辩论。

裁决。经过充分的论证和审查后,申诉机构应该以事实为依据做出公正的裁决,并将裁决结果送达申诉各方。

执行。绩效申诉结果裁决后,申诉各方应在规定期限内执行。申诉机构应加强对申诉处理决定执行情况的监督。

期限。科学的程序必须为各个步骤设置一定的处理期限,如立案期限、审理期限、送达期限、执行期限等,以提高绩效申诉处理的效率。

表9-1为一张绩效申诉表。

表9-1 绩效申诉表

填写日期: 年 月 日　　　　　　　　　　　接收日期: 年 月 日

姓 名		所属部门		职位	
考评组长		考评时期		年 月	
考评组长是否曾经与你进行过正式的绩效沟通			是( ) 否( )		
申诉理由详细描述					
			申诉人签名: 年 月 日		
调查事实描述					
	调查人签名:		调查人所在部门: 年 月 日		
考评组长处理意见					
			主评人签名: 年 月 日		
仲裁意见					
	仲裁人签名:		仲裁人所在部门: 年 月 日		
备注:					

第四节 绩效考核结果的应用

绩效考核是绩效管理循环中的重要环节，不管组织针对员工采取什么样的绩效考核方法，其最终目的都是通过对绩效考核结果的综合运用，推动员工为组织创造更大的价值。通常，我们把绩效定义为员工通过努力所达成的对组织有价值的结果，或者员工所做出的有利于组织战略目标实现的行为。员工个人绩效的高低主要取决于四个方面的因素：员工个人的知识、能力、工作动机以及机会。组织通过对考核结果的有效运用，对以上诸因素均可产生影响。下面针对绩效考核结果如何应用于以个人绩效为导向的报酬计划、工作流动、培训开发三个方面来进行阐述。

一、实施报酬计划

以个人绩效为导向的报酬计划，就是把对员工的绩效考核结果和其所获得的经济报酬紧密联系在一起，这类计划的核心在于以员工个人的绩效考核结果为依据，来确定其在组织中的报酬收入，这是组织在运用绩效考核结果时广泛采取的手段。广义的绩效计划有很多类型，在此，我们重点分析绩效加薪、绩效奖金、特殊绩效奖金认可计划三种最为常见的制度。

（一）绩效加薪

绩效加薪是将基本薪酬的增加与员工所获得的评价等级联系在一起的绩效奖励计划。员工能否得到加薪以及加薪的比例通常取决于两个因素：第一个因素是员工在绩效考核中所获得的评价等级；第二个因素是员工的实际工资与市场工资的比较比率。当然，在实际操作中，由于很难得到真实的市场工资数据，大部分组织大体上以员工现有的基本工资额作为加薪的基数。组织在实施绩效加薪的时候，必须关注一个非常重要的问题，即绩效评价等级的分布。在许多组织里，由于绩效指标设置不科学，或者评价者的评价有误差，常常使部分员工在年终的考核结果中获得较高的评价等级，这就引发了组织薪酬成本增加的问题。为了避免这种情况，有的组织对考核结果等级采取强制分布的方法，或者把员工个人考核结果的等级和部门的业绩结合起来。这些方法都是从总量上控制加薪的比例，从而在一定程度上避免了组织薪酬成本的无原则增加。但是，采取绩效加薪后，新增加的工资额就会变成员工下一期的基本工资，随着时间的延续，这种情况很可能会导致员工的基本工资额在缓慢积累的基础上大幅度提高，甚至会超出组织能够支付的界限。因此，为了弥补绩效加薪这种制度的缺陷，越来越多的组织采取绩效奖金的方式而不是绩效加薪的方式来激励优秀员工。

(二) 绩效奖金

绩效奖金是组织依据员工个人的绩效考核结果，确定奖金的发放标准并支付奖金的做法。绩效奖金的类型有很多种，计算方法通常也比较简单，常用的公式是：员工实际得到的奖金＝奖金基数×奖金系数。奖金基数的确定没有一个统一的方法，对于销售人员可依据销售额或者销售利润来确定，对于行政支持人员可以基本工资为基数，确定一个浮动的绩效奖金额度。奖金系数则是由员工的绩效考核结果决定的。绩效奖金和绩效加薪的不同之处在于组织支付给员工的绩效奖金不会自动累积到员工的基本工资之中，员工如果想再次获得同样的奖励，就必须像以前那样努力工作，以获得较高的评价分数。由于绩效奖金制度和组织的绩效考核周期密切相关，所以这种制度在奖励员工方面有一定的限制，缺乏灵活性，当组织需要对那些在某方面特别优秀的员工进行奖励时，特殊绩效奖金认可计划可能是一种很好的选择。

(三) 特殊绩效奖金认可计划

特殊绩效奖金认可计划是在员工努力程度远远超出了工作标准的要求，为组织实现了优秀的业绩或者做出了重大贡献时，组织给予他们的一次性奖励。这种奖励可以是现金等物质奖励，也可以是荣誉称号等精神奖励。与绩效加薪和绩效奖金不同的是，特殊绩效奖金认可计划具有非常大的灵活性，它可以对那些出乎意料的、各种各样的单项高水平绩效表现，如开发新产品、开拓新的市场等予以奖励。当然，在进行特殊绩效奖金认可计划时，对员工绩效结果的评价往往是针对某个具体项目的。

二、调整工作配置

除了把绩效考核结果和员工的薪酬待遇结合起来之外，利用绩效考核结果也可以促使员工的工作流动。在此，我们把工作流动分为晋升、淘汰、工作轮换三种主要形式。工作流动的核心在于使员工本人的素质和能力能够更好地与相应的工作匹配。工作流动常常是和绩效考核结果联系在一起的。组织在对员工进行绩效考核时，不能只考核他目前工作业绩的好坏，还要通过对员工能力的考查，进一步确认该员工未来的潜力。而且管理者还应该明白，人与人之间所存在的绩效差异，除了他们自身的努力外，还和他们所处的工作系统本身有关系，这些工作系统包括同事关系、工作本身、原材料、所提供的设备、顾客、所接受的指导、所接受的监督以及外部环境条件等，这些要素在很大程度上不在员工自己的掌控之中。对那些绩效非常好的员工，组织可以通过晋升的方式给他们提供更大的舞台和机会，帮助他们获得更大的业绩。而对那些绩效不佳的员工，管理者应该认真分析其绩效不好的原因。如果是员工个人不努力工作、消极怠工,则可以采取淘汰的方式;如果是员工所具备的素质和能力与现有的工作任职资格不匹配,则可以考虑进行工作轮换,以观后效。常见的工作重新调整可以用图9-3做参考。

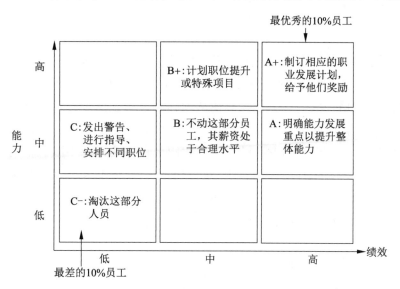

图 9-3　绩效考核结果应用九宫格

三、开发员工潜能

其实,组织建立绩效管理体系,除了要区分出员工绩效的优劣之外,还有一个很重要的功能是通过分析绩效考核的结果来提升员工的技能和能力。培训的一个主要出发点就是员工绩效不良或者绩效低于标准要求,也就是说当员工的现有绩效考核结果和组织对他们的期望绩效之间存在差距时,管理者就要考虑是否可以通过培训来改善员工的绩效水平。这时就需要对绩效较差的员工进行分析,如果员工仅仅是缺乏完成工作所需要的技能和知识,那么就需要对他们进行培训。因此,除了可以通过绩效考核衡量员工的绩效外,也可以利用绩效考核的信息来对员工能力进行开发。绩效考核系统必须能够向员工提供关于他们所存在的绩效问题,以及可以被用来改善这些绩效问题的方法等方面的一些信息,包括使员工清楚地了解他们当前的绩效与期望绩效之间所存在的差异,帮助他们找到造成差异的原因以及制订改善绩效的行动计划。

本章案例

一

刘阳刚刚完成与一位员工的绩效考核面谈，她觉得情绪很低落。在午餐时她对另一名主管说："我今天上午和李浩进行了绩效考核面谈。今天早上我突然想起今天是考核的最后一天了，于是我把他从预算会上叫了出来，我简直不敢相信他的反应。他说他没时间准备，并且要我对每一个批评举例说明。而他却只是一个劲地说他在几个问题上不同意我的说法。我跟他讲了几个我不满意他的地方，然后又好心地告诉他怎样改正错误。我得到的回应只有愤怒和沉默。我想他至少应该感激我，给我一些反馈才对。是否现在人们都不太关心提高自我了？其实他还挺不错，但是在面谈时他看起来很不高兴。你说他到底是怎么回事？"

二

经理：小A，有时间吗？

小A：什么事情，头儿？

经理：想和你谈谈，关于你年终绩效的事情。

A：现在？要多长时间？

经理：嗯……就一小会儿，我九点还有个重要的会议。哎，你也知道，年终大家都很忙，我也不想浪费你的时间。可是HR部门总给我们添麻烦，总要求我们这、要求我们那的。

A：……

经理：那我们就开始吧，我一贯强调效率。

于是小A就在经理堆满文件的办公桌的对面不知所措地坐了下来。

经理：小A，今年你的业绩总的来说还过得去，但和其他同事比起来还差了许多。你是我的老部下了，我还是很了解你的，所以我给你的综合评价是3分，怎么样？

小A：头儿，今年的很多事情你都知道的，我认为我自己还是做得不错的呀，年初安排到我手里的任务我都完成了呀，另外我还帮助其他的同事做了很多的工作……

经理：年初是年初，你也知道公司现在的发展速度，在半年前部门就接到新的市场任务，我也对大家宣布过的，结果到了年底，我们的新任务还差一大截没完成，我的压力也很大啊！

小A：可是你也并没有因此调整我们的目标啊？

这时候，秘书直接走近来说："经理，大家都在会议室里等你呢！"

经理：好了好了，小A，写目标计划什么的都是HR部门要求的，他们哪里懂公司的业务！现在我们都是计划赶不上变化，他们只是要求你的表格填得完整、好看，而且，他们还对每个部门分派了指标。其实大家都不容易，再说了，你的工资也不错，你看小王，他的基本工资比你低，工作却比你做得好，所以我想你应该心理平衡了吧。好了，我现在很忙，下次我们再聊。

小A：可是头儿，去年年底评估的时候……

经理没有理会小A，匆匆和秘书离开了自己的办公室。

问题：

1. 案例一中，刘阳与李浩的沟通达到预期效果了吗？为什么？
2. 案例一中，刘阳在沟通之前应做哪些准备？
3. 案例二中的绩效面谈有何不足之处？

参考文献

1. 王雍君. 回归绩效管理底层逻辑：为产出而预算、为成果而管理［J］. 学术界，2023（7）：50-62.
2. 赵君，张永军，刘智强，等. 绩效考核政治结构及其对反生产行为的影响［J］. 管理工程学报，2022，36（1）：99-110.
3. 谢明磊，刘德胜. 发展型绩效考核与科技型中小企业开放式创新——一个有调节的中介效应模型［J］. 管理评论，2021，33（2）：142-152.
4. 门贺，赵慧军，段旭. 绩效考核对员工越轨创新的影响——一个被调节的中介模型［J］. 科技进步与对策，2021，38（10）：151-160.
5. 陈波，杨东涛. 评估型绩效考核背景下工作价值观对创新绩效的影响研究［J］. 南京社会科学，2020（9）：58-65.
6. 西楠，彭剑锋，曹毅，等. OKR 是什么及为什么能提升团队绩效？——柔性导向绩效管理实践案例研究［J］. 科学学与科学技术管理，2020，41（7）：116-138.
7. 李璨，吕渭星，周长辉. 绩效反馈与组织响应：文献综述与展望［J］. 外国经济与管理，2019，41（10）：86-108.
8. 黎春，李子杨. 相对业绩评价对平衡计分卡有效性的影响——一项实验研究［J］. 财经科学，2017（6）：94-103.
9. 林銮珠. 绩效考核取向及其影响效果的实证研究［J］. 社会科学家，2017（3）：76-79.
10. 胡元林，黎航. 平衡计分卡因果逻辑关系的实证［J］. 统计与决策，2017（1）：87-89.
11. 刘丽杭，赵书松，汪涛. 发展型绩效考核对员工工作绩效的影响机制［J］. 中南大学学报（社会科学版），2016，22（5）：123-131.
12. 赵书松，赵君，廖建桥. 发展型绩效考核如何影响知识共享：一个有中介的调节作用模型［J］. 管理工程学报，2016，30（4）：45-52.
13. 金文正，范松林. 深入推进 KPI 挖掘价值驱动因素［J］. 财务与会计，2016（7）：19-21.

14. 袁凌, 沈之夏, 肖石英. 绩效考核目标取向对企业员工非伦理行为的影响研究 [J]. 软科学, 2016, 30 (2): 88-92.

15. 汪洪艳, 陈志霞. 绩效考核政治性研究述评 [J]. 外国经济与管理, 2015, 37 (9): 57-67.

16. 李溪, 郑馨, 张建琦. 绩效反馈模型的最新研究进展 [J]. 经济管理, 2015, 37 (9): 189-199.

17. 赵君, 张光进, 赵书松. 绩效考核政治研究述评与展望 [J]. 经济管理, 2015 (6): 177-187.

18. 廖建桥, 闫云云, 刘智强. 强制分布法负面效应的规避方法研究 [J]. 工业工程与管理, 2014, 19 (6): 1-6.

19. 刘昕, 柴茂昌. 强制分布法在绩效考核中的有效应用研究 [J]. 管理现代化, 2013 (4): 60-62.

20. 申传刚, 马红宇, 杨璟, 等. 上司不当督导与下属绩效：反馈寻求行为和学习目标定向的作用 [J]. 心理学报, 2012, 44 (12): 1677-1686.

21. 史超芹. 基于BSC和KPI整合的绩效指标设计方法及实证探析 [J]. 中国人力资源开发, 2011 (9): 31-34.

22. 龚文, 陈锴. 绩效评估中的强制分布问题研究 [J]. 中国人力资源开发, 2011 (5): 48-51.

23. 王艳艳. MBO、KPI、BSC绩效指标体系设计思想比较研究 [J]. 现代管理科学, 2011 (3): 96-98.

24. 杨立芳, 杨新东. 平衡计分卡应用效果实证研究 [J]. 审计与经济研究, 2009, 24 (3): 71-77.

25. 陈强. 绩效面谈, 你做好准备了吗 [J]. 中国人力资源开发, 2008 (4): 42-44.

26. 韩翼, 廖建桥, 龙立荣. 雇员工作绩效结构模型构建与实证研究 [J]. 管理科学学报, 2007 (5): 62-77.

27. 刘运国, 陈国菲. BSC与EVA相结合的企业绩效评价研究——基于GP企业集团的案例分析 [J]. 会计研究, 2007 (9): 50-59, 96.

28. 周斌, 陈晓, 卢轶遐. 关键行为的等级锚定与通用型胜任特征模型的构建 [J]. 软科学, 2006 (3): 114-118.

29. 宋典, 袁勇志. 平衡计分卡式地方政府业绩评价机制研究 [J]. 江海学刊, 2006 (2): 216-221.

30. 王永丽, 时勘. 绩效反馈研究的回顾与展望 [J]. 心理科学进展, 2004 (2): 282-289.

31. 王辉，李晓轩，罗胜强. 任务绩效与情境绩效二因素绩效模型的验证［J］. 中国管理科学，2003（4）：80-85.

32. 仲理峰，时勘. 绩效管理的几个基本问题［J］. 南开管理评论，2002（3）：15-19.

33. 蔡永红，林崇德. 绩效评估研究的现状及其反思［J］. 北京师范大学学报（人文社会科学版），2001（4）：119-126.

34. 关敬男. 绩效考核管理工具：KPI、OKR、MBO、BSC、360度考核的实施流程与应用技巧［M］. 北京：人民邮电出版社，2023.

35. 孔冬，蒋定福. 绩效管理实训教程［M］. 北京：清华大学出版社，2023.

36. 李彦涛. OKR实操手册：谷歌、英特尔都在用的绩效管理工具［M］. 北京：人民邮电出版社，2023.

37. （美）戴维·帕门特. 关键绩效指标KPI的开发实施和应用（原书第4版）［M］. 侯君，译. 北京：机械工业出版社，2023.

38. 况阳. 真OKR［M］. 北京：机械工业出版社，2023.

39. 秦杨勇. 平衡计分卡制胜方略［M］. 北京：中国科学技术出版社，2022.

40. （美）罗伯特·S. 卡普兰，戴维·P. 诺顿. 平衡计分卡战略实践［M］. 上海博意门咨询有限公司，译. 杭州：浙江教育出版社，2022.

41. （美）约翰·杜尔. 速度与规模：碳中和的OKR行动指南［M］. 杨静娴，译. 北京：中信出版社，2022.

42. 刘思洁，王曙光. OKR目标管理：组织绩效增长法［M］. 北京：中国科学技术出版社，2022.

43. 姚琼. OKR实践手册［M］. 北京：中信出版社，2022.

44. （美）罗伯特·卡普兰，大卫·诺顿. 组织协同：运用平衡计分卡创造企业合力［M］. 刘俊勇，刘睿语，罗紫菁，等译. 北京：中国人民大学出版社，2021.

45. 管婷婷. 敏捷团队绩效考核：KPI、OKR和360度评估体系的应用与实践［M］. 北京：电子工业出版社，2020.

46. 王明，洪千武. OKR管理法则：阿里巴巴、华为绩效管理实战技巧［M］. 北京：中信出版社，2020.

47. 狄振鹏. 管理就是抓绩效重考核：企业绩效考核设计与落地全案（视频学习版）［M］. 北京：中国经济出版社，2018.

48. （美）克里斯蒂娜·沃特克. OKR工作法：谷歌、领英等顶级公司的高绩效秘籍［M］. 明道团队，译. 北京：中信出版社，2017

49. 闻毅. 新平衡计分卡：战略落地的密码［M］. 北京：中国经济出版

社, 2014.

50. (美) 兰佩萨德. 个人平衡计分卡 [M]. 万丹, 译. 北京：中信出版社, 2006.

51. 付亚和, 许玉林. 绩效管理 [M]. 上海：复旦大学出版社, 2003.

52. 饶征, 孙波. 以 KPI 为核心的绩效管理 [M]. 北京：中国人民大学出版社, 2003.

53. (美) 理查德·威廉姆斯. 组织绩效管理 [M]. 蓝天星翻译公司, 译. 北京：清华大学出版社, 2002.

54. 彭剑锋, 饶征, 等. KPI 指标与绩效管理 [M]. 北京：中国人民大学出版社, 2002.

55 武欣. 绩效管理实务手册 [M]. 北京：机械工业出版社, 2001.

附录：

样　卷

复核总分	
复核人	

总分	题　号	一	二	三	四	五	六
	题分	18	10	12	30	20	10
核分人	得　分						

得分	评卷人	复查人

一、单项选择题（在下列每小题的四个备选答案中选出一个正确的答案，并将其字母标号填入题干的括号内。每小题1分，共18分）

1. 以下不属于绩效的性质的是　　　　　　　　　　　　　　　　　　（　）
   A. 多因性　　　B. 多维性　　　C. 动态性　　　D. 激励性
2. 绩效管理与绩效评价最主要的区别在于　　　　　　　　　　　　　（　）
   A. 绩效管理包含的内容更丰富
   B. 绩效管理的实施过程更加完善
   C. 从实施结果上看，绩效管理更为广泛
   D. 绩效管理的目标是提高绩效
3. 测量结果的一致性是指　　　　　　　　　　　　　　　　　　　　（　）
   A. 测量的内容效度　　　　　　B. 测量的效标效度
   C. 测量的信度　　　　　　　　D. 测量的公平度
4. 下列薪酬形式中不是由绩效决定的是　　　　　　　　　　　　　　（　）
   A. 基本工资　　B. 绩效工资　　C. 奖金　　　　D. 福利
5. 业绩评价中使用最广泛的方法是　　　　　　　　　　　　　　　　（　）
   A. 图尺度评价法　B. 排序法　　C. 等级评分法　D. 目标管理法
6. "既然社交能力强，谈判能力当然也强"，对员工做出这样的评价反映了评价中的　　　　　　　　　　　　　　　　　　　　　　　　　　　　　　（　）
   A. 逻辑误差　　B. 晕轮误差　　C. 近期行为误差　D. 类似误差
7. 关于绩效面谈，理解错误的是　　　　　　　　　　　　　　　　　（　）
   A. 替员工制订职业发展计划

B. 全面了解员工的工作态度和感受

C. 鼓励员工自己发现问题和分析问题

D. 挖掘员工的潜能，拓展新的发展空间

8. 绩效目标符合 SMART 原则的是 （　　）

A. 提高电话接通质量　　　　B. 本月内确保客户投诉率为零

C. 按时完成销售计划　　　　D. 向关键客户电话推荐新产品

9. 向上反馈又称 （　　）

A. 员工自评　　　　　　　　B. 同事评价

C. 下属评价　　　　　　　　D. 上级评价

10. 按照具体形式区分的绩效考评办法，通常我们也称为特征法，包括三个主要的具体方法，即混合标准尺度法、书面法和 （　　）

A. 日常考评法　　　　　　　B. 量表评定法

C. 关键事件法　　　　　　　D. 排队法

11. 对生产管理人员的绩效考评，最经常采用的是 （　　）

A. 行为观察法

B. 以结果为导向的考评方法

C. 以关键事件为导向的考评方法

D. 以行为或品质特征为导向的考评方法

12. 应用开发阶段是绩效管理的终点，又是一个新的绩效管理工作循环的 （　　）

A. 始点　　　B. 中点　　　C. 终点　　　D. 总结

13. 符合绩效考核指标设置要求的是 （　　）

A. 认真完成自己的工作

B. 客户对我们的服务完全满意

C. 对顾客的询问立即给予答复，尽快解决他们提出的问题

D. 今年内完成两篇市场分析报告，并在《市场观察》杂志上发表

14. 由下属进行的绩效评价最适合运用于 （　　）

A. 加薪　　　　　　　　　　B. 管理人员技能开发

C. 晋升　　　　　　　　　　D. 人力资源规划

15. 绩效评价等级五等表示法中的"S"表示 （　　）

A. 优秀　　　B. 良好　　　C. 标准水平　　　D. 一般

16. 下列不属于正式沟通方式的是 （　　）

A. 书面报告　　　　　　　　B. 一对一的面谈

C. 走动式管理　　　　　　　D. 定期的会议沟通

17. 平衡计分卡的内部业务测量指标主要是 （　　）

A. 公司的盈利状况

B. 员工的培训和开发

C. 来自对客户有最大影响的业务程序

D. 客户满意度

18. 下列有关360度反馈的认识，错误的是　　　　　　　　　　　　（　　）

A. 360度反馈有利于提高组织成员的参与性

B. 360度反馈有助于克服"组织学习障碍"，促进"学习型组织"

C. 360度反馈可以营造良好的人际关系

D. 360度反馈尊重组织成员的意见，从而激发组织成员的创新性

二、填空题（每小题1分，共10分）

19. 绩效指的是那些经过评价的工作行为、方式以及_____。

20. 最常见的效度指标是_____。

21. 排序法可以分为简单排序法和_____。

22. 绩效评价内容分为工作业绩评价、工作能力评价和_____。

23. 平衡计分卡的评价标准包括与财务挂钩、绩效驱动器和_____。

24. 管理者与员工在共同工作的过程中分享各类与绩效有关的信息过程称为_____。

25. 选择绩效评价方法的决定因素是_____。

26. 绩效管理的目的具体表现为战略目的、管理目的和_____。

27. 绩效评价等级四等表示法中的"B"表示_____。

28. 关键事件法是由美国学者费拉赖根和_____共同创立的。

三、名词解释（每小题3分，共12分）

29. 绩效计划

30. 关键业绩指标

31. 潜力评价

32. 内部客户

得分	评卷人	复查人

四、简答题（每小题 6 分，共 30 分）

33. 简述绩效目标设定程序。

34. 绩效沟通对员工有什么意义？

35. 简述排序法的优缺点。

36. 绩效反馈面谈有哪些技巧？

37. 简述KPI体系建立的方式。

得分	评卷人	复查人

五、论述题（每小题10分，共20分）

38. 论述绩效管理与人力资源管理其他环节的关系。

39. 论述360度反馈的优缺点。

六、案例分析题（认真阅读案例，然后回答问题。共 10 分）

40. 案例：

美国某公司的研发部经理斯奈尔德先生被提拔为公司的副总经理，再过两天就要就职了。总经理要他在研发部离职之前，挑选一位合适的人员来接替他的职位。

在几个项目负责人中，鲍勃的表现最为突出。这个人工作起来非常卖力，凡是交给他的任务，总能提前完成，而且很少出错；其他几位项目负责人对鲍勃的评价也很高，认为他完全能够胜任研发部经理这一职位。

于是，斯奈尔德任命鲍勃做了研发部经理。然后，他就放心地走了。两个月后，研发部的其他几位项目负责人都向斯奈尔德提交了辞职书。

"为什么呢？难道公司亏待了你们？"

"当然不是了，只是我们无法忍受鲍勃这个人了。"

"可是当初征求意见的时候，你们都推荐了他啊？"

"我们当初不知道他对下属那么苛刻，连工休时间都不能随便说笑……"，几位负责人说出了原因。

斯奈尔德这时才有点后悔，"当初要是征求一下鲍勃下属的意见，那该多好……"。

问题：

（1）结合案例分析下属评价的意义。

（2）应该如何进行下属评价？

后　　记

自学考试是具有中国特色的高等教育基本制度之一。江苏省实施自学考试制度已超过 40 年，始终坚持开放优质的教育理念，为社会大众提供了接受高等教育的机会，为社会培养了一批批实践性较强、具有社会责任感的人才。他们在各行各业中大展身手，铸就了多姿多彩的人生。

人力资源管理是江苏省自学考试的热门专业，每年均有数千人报考。为了促使人力资源管理专业毕业生更好地服务社会，江苏省以人才培养"高质量发展"为目标，打造"质量管理提优、信息化建设赋能、考试服务升级"三大自学考试工程，持续推进人力资源管理专业自学考试提档升级。为此，江苏省自考办决定优化人力资源管理专业培养方案，加强专业课程教材建设，并将编写《绩效管理》教材的任务交由我团队负责。

团队在《绩效管理》教材编写过程中得到了学院领导的大力支持，在此表示感谢。同时，我要感谢研究生孟秋明、郭小妹、柏艳、赵洁、吴落兰、周菱菲等同学，他们为本书的编撰和出版做了大量工作，祝愿他们学业进步。本书第一至五章由宋典负责编写，第六章由蒋瑞负责编写，第七至九章由胡淼负责编写。最后祝愿每位人力资源管理专业的自考同学能秉持自觉、奋进和坚韧的精神，在工作中踔厉奋发、笃行不息、奋楫争先，成就自我，奉献社会！

编者
2024 年元月于苏州